바쁜엄마의 간편요리 2

유치원생 도시락

경희대학교 조리전공교수 최 수 근

지구문화사
JIGU PUBLISHING Co.

LBS No.2386
Ichinenju Yakutatsu Tsuuen Obentou

First published in Japan in 2006 by BOUTIQUE-SHA, Tokyo
Korean translation rights arranged with BOUTIQUE-SHA
through SHIN WON AGENCY CO.,Paju

contents

후루룩 쩝쩝 면 도시락

이 정도면 안심! 여름 도시락

따끈따끈 따뜻해! 겨울 도시락

맘에 쏙드는 기본반찬 도시락

도시락의 포인트! 잘라 만든 귀여운 장식 카탈로그

색깔별 반찬레시피

초간단 디저트 레시피

모두 함께 둘러앉자! 이벤트 도시락

유치원생 도시락의 기초와 비결

건강한 몸과 마음을 가진 아이로 키우기 위해서는 적당하고 균형잡힌 영양식이 중요합니다. 매일 남기지 않고, 맛있게, 즐겁게 먹을 수 있는 도시락을 만들 수 있는 영양의 기초와 약간의 비결을 배워 둡시다.

균형잡힌 영양식 도시락

주식 1 : 메인 반찬 1 : 야채 반찬 1

※ 주식, 메인 반찬, 야채 반찬을 1 : 1 : 1의 비율로 채우면 영양만점!

총 400～500kcal의 도시락으로

3～5세 아동이 필요로 하는 하루 에너지량은 남자아이의 경우 1350～1550kcal, 여자아이는 1300～1500kcal입니다. 도시락에 하루 에너지량의 $^1/_3$을 기준으로 탄수화물, 지방의 과량섭취에 주의하며, 균형 잡힌 요리로 편성하는 것이 중요합니다.

주식은 에너지원인 밥, 빵, 면

주식이란 밥, 빵, 면류 등으로 운동과 체온유지에 필요한 영양소의 공급원으로서 건강을 위한 필수영양소입니다.

밥의 경우 80g～120g(아동용 밥그릇 1그릇 분), 도시락통의 $^1/_3$이 표준입니다. 샌드위치용 빵일 경우에는 2～3장, 건조 파스타일 경우는 40～50g을 표준으로 채웁니다.

빵이나 면에 반찬을 끼워 넣거나, 같이 볶은 경우는 전체의 $^1/_2$ 정도면 됩니다.

이 책에서는 밥 100g을 기본으로 하고 있지만 양은 아이의 발육과 도시락통의 크기에 맞춰 조절해 주세요.

메인 반찬은 50～70g을 표준으로

메인 반찬은 단백질이나 지방 공급원이 되므로 뼈나 근육, 혈액을 만드는 데 중요한 작용을 합니다. 고기, 어패류, 달걀, 콩 제품 등 양질의 재료를 사용하세요.

달걀은 한 개, 고기 30～50g, 어류는 조금 작게 자른 $^1/_2$～$^1/_3$ 토막, 분량은 도시락통의 $^1/_3$이 표준입니다.

야채 반찬은 50g 이상을 표준으로

야채, 해초, 버섯류는 비타민, 미네랄, 식이섬유의 공급원이 되며, 질병을 막아 몸의 컨디션을 조절하는 작용을 합니다. 디저트인 과일도 이에 포함됩니다. 색이 진한 야채를 중심으로 예쁜 색으로 채웁니다.

바람직한 도시락

채워넣는 방법의 순서와 요령

흔들려도 안심할 수 있도록 약간 얕은 도시락통에 가득 채우는 것이 기본입니다.

① 밥

도시락통이 결정되면 가장 먼저 그 $^1/_3$정도의 양을 기준으로 밥을 채우고 식혀 둔다.

② 형태를 바꿀 수 없는 반찬

(예 : 돈가스)

형태를 바꿀 수 없는 약간 큰 반찬을 우선 담는다.

③ 물기가 있는 반찬

(예 : 오이와 게맛살 초무침)

물기를 잘 짜서 조금 깊은 종이컵으로 구분지어 넣는다.

맛있는 기본 웰빙 영양 도시락

맛(간) | 조리 방법 | 먹기 쉬움 | 넣는 방법

빈틈없이 꽉 차게

도시락에 빈틈이 있으면 들고 다닐 때 음식이 움직여 모처럼 예쁘게 담긴 도시락이 엉망이 되어버립니다. 빈틈은 시판되는 디저트류를 이용하거나 채소절임과 콩자반 등의 작은 반찬을 잘 이용하여 채우도록 합니다.

물기를 잘 짜서 칸막이를 한다.

무침, 끓인 것, 샐러드 등은 넣기 전에 키친타올이나 체에 걸려 살짝 물기를 짜 둡니다. 칸막이를 할 컵이나 케이스는 다른 반찬의 맛이 옮겨가지 않도록 적당히 깊이 있는 것이 좋습니다.

아이가 좋아하는 귀여운 모양

보기에만 좋다거나, 만드는 시간이 너무 걸리는 것은 문제가 있지만 역시 도시락통을 열었을 때 '와, 맛있겠다!' 라는 기분을 만들어 주면 엄마로서 그만큼 기쁜 일은 없을 것입니다.

주먹밥의 모양이나 재료 자르는 법 등 배치에 조금 더 신경쓰면 예쁜 도시락이 됩니다.

먹기 쉽게 만들기

한입에 먹을 수 있는 크기, 집기 힘든 형태의 것은 홈을 만들어 젓가락으로 잡기 쉬운 형태로 자르는 등 아이들이 먹기 쉽도록 신경써 줍니다.

여러 가지 맛을 즐길 수 있다.

요리의 간, 염분농도에 변화를 주면 전체에 맛의 균형이 잡혀 다양하고 풍부한 느낌을 주어 아이들도 좋아합니다. 아이들은 단맛을 좋아하므로 디저트나 과일도 넣어줍니다.

적절한 간 맞추기, 확실한 조리

요리에 적절히 간을 맞춰 두면 차가워져도 맛있게 먹을 수 있을 뿐만 아니라, 특히 여름철에 잘 상하지 않는다는 이점도 있습니다. 단, 염분은 과량섭취 하지 않도록 주의하세요. 또, 안심하고 먹을 수 있도록 반드시 속까지 완전히 익히고, 만들어 둔 것은 아침에 재가열합니다.

남는 칸을 채우기 좋은 재료들

건조 과일

콩자반류

젤리

마른 견과류

치즈

④ 형태가 자유자재로 변하는 반찬 (예 : 계란말이 등)
어떤 공간에도 문제가 없는 반찬은 나중에 채운다.

⑤ 빈틈을 두지 않는다
(예 : 콩자반, 소스 용기)
콩자반, 소스 용기, 미니 토스트 등으로 모양을 생각하면서 빈틈이 없도록 가득 채운다.

⑥ 마무리
먹기 쉽도록 예쁜 꼬치를 꼽거나, 밥에 김을 올리거나, 소보로를 뿌리거나, 소스를 곁들여 마무리한다.

⑦ 반드시 완전히 식히고 나서 뚜껑을 덮는다.
뜨거울 때 뚜껑을 덮으면 상하기 쉽기 때문에 주의한다.

도시락 용품의 선택법과 활용법

맛있는 도시락을 만드는 데에는 엄마의 요리는 물론이지만, 음식을 채우는 도시락통, 그 밖에 컵과 도구류도 의외로 중요한 포인트가 됩니다.
아이가 좋아하는 모양의 귀여운 디자인이 우선 되기 쉽지만, 용기로서의 중요성이나 도구로서의 이점, 활용법 등도 함께 생각하여 선택하도록 합니다.

배낭형 통학가방에는 세로로 긴 것이 적합!

통학가방 디자인은 배낭형, 숄더형, 바스켓형 등 그 디자인과 사이즈가 다양합니다. 도시락통은 우선 쓰러지거나 기울지 않고 그 아래에 쏙 담겨지도록 가방의 폭에 맞는 사이즈를 선택하는 것이 좋습니다.

주먹밥용이나 보온용 등, 목적에 맞는 도시락통을 고른다.

도시락통은 채우는 요리나 목적에 맞게 만들어진 것도 있습니다. 사이즈나 형태, 유형이 다른 것을 2~3개 가지고 있으면 편리합니다.

저장용 밀폐용기도 귀여워요.

도시락통은 밀폐도가 낮기 때문에 물기가 있는 카레나 젤리 등의 디저트 메뉴에는 저장용 밀폐용기가 좋습니다. 캐릭터가 인쇄된 귀여운 디자인을 선택해 줍니다.

기능성이나 쓰기 쉬운 것으로 고른다면

처음 혼자서 도시락을 먹는 어린이에게는 우선 뚜껑이 간단하게 열리고 닫히는 형태를 추천합니다. 도시락통에 처음부터 칸막이가 있으면 채우기 쉽기 때문에 도시락을 처음 만드는 초보 엄마에게도 도움이 됩니다.

예쁜 꼬치를 활용하여 품격을 높힌 도시락으로

메추리알이나 소시지, 고기 경단 등 미끄러지거나 굴러다녀서 젓가락으로 집기 어려운 음식에는 예쁜 포크가 적합합니다. 그대로 들고 먹을 수 있고 겉보기에도 훨씬 귀여워집니다. 용도에 맞는 길이를 고르되 꼬치에 꽂는 만큼 부피가 커져 공간을 차지하면 채우는 면적이 작아지는 것을 고려하세요.

컵, 케이스는 알루미늄 제품과 종이 제품의 차이에 주의

여러 종류의 작은 반찬이 섞이지 않도록 칸막이를 할 때 편리한 컵, 케이스 종류. 최근에는 색, 무늬, 형태가 풍부하여 도시락의 귀여운 액세서리로 많이 쓰입니다. 칸막이로만 사용한다면 문제가 없지만 직접 넣고 가열할 경우에는 그 소재에 주의하세요. 원칙적으로 오븐 토스터에는 알루미늄 제품, 전자렌지에는 종이 제품도 사용하지만 괜찮은지 확인하고 사용합시다.

다양하고 풍부한 도시락 장식을 이용

예쁜 무늬를 내고, 칸막이의 역할에는 물론 원추형으로 만들어서 반찬 케이스로도 사용할 수 있는 제품도 있습니다. 도시락통의 깊이에 맞춰 바닥을 잘라내어 뚜껑을 닫을 때 방해되지 않도록 하는 것이 중요합니다.

소스 용기의 선택 포인트는 편리함

디자인, 형태는 다양하지만 가장 중요한 것은 뚜껑이 쉽게 열리는가 입니다. 아이들은 뚜껑이 작고 돌리는 타입은 열고 닫기가 어려울 것입니다. 혼자서 할 수 있는지 아닌지 집에서 시험해 보고 가져가게 합시다. 보기에도 예뻐서 식욕을 돋우는 용기를 잘 이용합시다.

도시락의 즐거움을 연출하는 편리한 모양틀

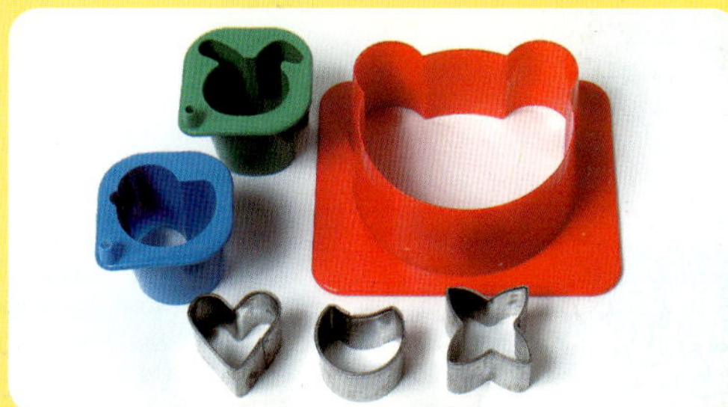

아이들에게 있어 귀여운 모양은 아주 중요합니다. 동물이나 인기 캐릭터 모양틀을 사용하여 샌드위치나 구운 김, 살짝 구운 달걀 등을 찍거나, 싫어하는 야채를 찍어내서 예쁜 모양으로 만들면 아이들이 좋아합니다.

캐릭터 주먹밥이나 틀에 찍어낸 밥

아이들에게 있어 예쁜 모양은 매우 중요합니다. 김이나 야채절임 등으로 눈·코를 그린 주먹밥이나 치킨 라이스나 볶음밥을 틀에 찍어낼 때에 사용합니다.
틀에 찍어낸 밥은 먹는 양이 적은 아이라도 많이 먹을 수 있을 것입니다.

주먹밥 도시락

아이들이 좋아하는 주먹밥을 만들어보세요. 주먹밥을 만들어 반찬은 젓가락으로 집어 먹도록 하면 당황하지 않고 즐겁게 도시락을 먹을 수 있습니다. 형태나 맛을 응용하여 변화를 주면 다양한 주먹밥을 만들 수 있습니다.

menu

- 단짝 친구 주먹밥
- 닭고기 튀김
- 계란말이
- 데친 아스파라거스
- 미니 토스트

●단짝 친구 주먹밥
●닭고기 튀김
(만드는 법 56쪽)
●계란말이
(만드는 법 61쪽)

20

원 포인트

눈은 구멍 뚫는 펀치를 사용해 많이 만들어 두면 두고두고 쓸 수 있어 편리합니다.

단짝친구 주먹밥 도시락

단짝 친구 주먹밥 만드는 법

※ ❶ ❷ 공통 남자아이 ③~⑤ 여자아이 ③~⑤

1 밥 가운데에 연어를 으깨어 양념한 것을 넣습니다.

3 가늘게 자른 김 세 조각으로 앞머리를 만듭니다.

4 주먹밥에 자른 김으로 머리를 반쯤 덮습니다.

5 김 눈과 산앵두를 둥글게 자른 입을 놓으면 완성

2 평평하고 둥근 주먹밥을 만듭니다.

3 사각형으로 자른 김 두 장으로 앞머리를 만듭니다.

4 주먹밥에 자른 김으로 머리를 반쯤 덮습니다.

5 김 눈과 산앵두를 둥글게 자른 입을 놓으면 완성

입학하고 처음으로 혼자 먹는 도시락은 주먹밥이 좋겠지요. 살짝 불안한 아이들이 와! 하고 환성을 지를 정도로 즐거운 주먹밥을 만들어 줍니다.

주먹밥 퍼레이드

김 + 매실 장아찌

● 싱글싱글 맨

둥글고 평평한 주먹밥에 얼굴과 코는 빨간 산앵두, 눈과 입은 김을 잘라 만듭니다.

● 무사 맨

삼각형의 주먹밥에 머리와 얼굴, 눈, 입은 김으로 만듭니다. 코는 산앵두로 만듭니다.

김

● 축구공

1~1.5cm정도의 오각형과 2~3mm 너비의 띠를 구운 김을 잘라 만듭니다. 공 모양 주먹밥에 김을 배치하면 완성

● 팬더

팬더의 얼굴은 대충 육각형으로 만들어 김을 오려낸 눈, 코, 귀를 균형이 잘 잡히도록 놓습니다.

비빔밥

● 돼지씨

연어 통조림 비빔밥을 타원형으로 만들어 당근으로 귀와 입을 만들고 코는 치즈, 눈은 김으로 만듭니다.

● 개구리군

야채 비빔밥을 타원형으로 만들어 당근으로 입, 치즈와 김으로 눈을 만듭니다.

소시지

● 강아지

타원 모양의 주먹밥에 귀와 코는 비엔나 소시지, 눈, 입은 김을 붙여서 수염은 깨를 뿌립니다.

● 쥐돌이군

둥근 모양의 주먹밥에 소시지 귀를 라면 스낵 과자로 꽂아 붙입니다. 코, 입은 산앵두, 눈, 수염은 김을 사용합니다.

menu

- 삼각 주먹밥
- 새우튀김
- 호박 샐러드
- 나폴리탄

●삼각 주먹밥
(만드는 법 아래 참조)

●새우 튀김
(만드는 법 57쪽)

●호박 샐러드
(만드는 법 71쪽)

●나폴리탄
(만드는 법 40쪽)
※ 비엔나 소시지 포함

원 포인트
새우 튀김 도시락에는 우스터 소스, 타르타르 소스를 곁들여 줍니다.

삼각 주먹밥 도시락

삼각 주먹밥 만드는 법

밥 중앙에 맛가루*를 넣습니다.

맛가루*가 안 보이도록 밥을 가운데로 모읍니다.

왼손으로 아래를 오른손으로 각을 잡아 삼각형으로 만듭니다.

주위를 김으로 두르고 가운데에 검은깨를 뿌립니다.

* 맛가루 : 미역 · 다시마 · 멸치 · 새우 등과 양념을 함께 볶아서 밥에 뿌려 먹는 가루 (시중 판매)

menu

- 닭고기 튀김 주먹밥
- 시금치 팽이버섯 무침
- 토마토 햄 컵
- 삶은 계란
- 토끼 사과

●닭고기 튀김 주먹밥
(닭고기 튀김 만드는 법 56쪽)
●시금치 팽이버섯 무침
(만드는 법 67쪽)
●토마토 햄 컵
(만드는 법 69쪽)
●삶은 계란
깨소금을 뿌립니다
●토끼 모양으로 자른 사과
(만드는 법 65쪽)

원 포인트

닭고기 튀김을 감싸듯이 둥글게 주먹밥을 만들어 김을 두릅니다.

닭고기 튀김 주먹밥 도시락

새우 튀김 주먹밥 도시락

원 포인트

새우튀김을 넣어 주먹밥을 만들고 딸기와 계란말이를 예쁘게 담아줍니다.

menu

- 새우 튀김 주먹밥 도시락
- 김 치즈 계란말이
- 데친 브로콜리
- 고구마와 당근 튀김
- 딸기

●새우 튀김 주먹밥
(새우 튀김 만드는 법)
새우는 꼬리를 남기고 껍질을 벗겨, 등 내장을 제거합니다.
물 1 : 푼 계란 1 : 밀가루 2를 가볍게 섞어서 튀김옷을 만듭니다. 새우에 가볍게 밀가루를 바른 뒤 튀김옷을 입혀 기름에 튀겨냅니다.
●김 치즈 계란말이
계란말이(만드는 법 61쪽)에 구운 김과 치즈를 감쌉니다.
●고구마와 당근 튀김
잘고 길게 잘라놓은 당근과 고구마를 물 1: 푼 계란 1: 밀가루 2를 가볍게 섞어서 만든튀김옷을 입혀 기름에 튀겨냅니다.

menu

- 폭탄 주먹밥
- 가다랭이포 무침
- 우엉 고기 볶음
- 비엔나 소시지
- 방울 토마토
- 젤리
- 통조림 귤

원 포인트

폭탄 주먹밥을 감싸는 김은 잘게 찢은 김을 많이 사용하는 편이 예쁩니다.

20

●폭탄 주먹밥
알맹이는 미트볼과 치즈 볼
●가다랭이포 무침
(만드는 법은 67쪽)
●우엉 고기 볶음
(만드는 법은 74쪽)

폭탄 주먹밥 도시락

폭탄 주먹밥의 만드는 법

1 랩 위에 밥을 펼칩니다.

2 밥 중앙에 미트볼을 놓습니다.

3 랩으로 밥을 감싸 둥글게 만듭니다.

4 랩을 열어 찢어 놓은 김으로 빈틈없이 감싸면 완성

menu

- 랩 주먹밥
- 시금치 검은깨 무침
- 계란말이
- 치즈 볼
- 딸기
- 키위

●랩 주먹밥

랩을 펼쳐 어묵으로 꽃, 시금치줄기로 잎으로 만들고 위에 밥을 펼칩니다. 다음은 랩으로 밥을 감싸 둥글게 만듭니다.
같은 방법으로 볶은 차조기 가루를 섞은 밥과 산앵두로 주먹밥을 만듭니다.

●시금치 거음깨 무침

(만드는 법 66쪽)

●계란말이

(만드는 법 61쪽)

원 포인트

랩 주먹밥은 꽃이 가운데에 오도록 하여 예쁘게 만듭시다.

랩 주먹밥 도시락

스팸 주먹밥 도시락

menu

- 스팸 주먹밥
- 파인애플 샐러드
- 삶은 계란
- 포테이토 칩
- 방울 토마토

●스팸 주먹밥

주먹밥 위에 네모나게 자른 스팸(소시지 통조림)을 한입 사이즈로 올리고 김으로 띠를 두릅니다.

●파인애플 샐러드

(만드는 법 71쪽)

●삶은 계란

마요네즈를 얹습니다.

원 포인트

스팸 대신 생선살 소시지나 콘비프도 맛있습니다.
니다.

원 포인트

모양틀에 물을 묻히면 밥이 쉽게 빠집니다.

15

menu

- 동물 모양 주먹밥
- 해바라기 비엔나
- 치킨 너겟
- 감자 볶음
- 토끼 사과

●모양틀 주먹

곰(귀는 맛가루, 눈, 코, 입은 김으로 만듭니다.)

토끼(귀는 어묵으로, 눈, 입은 게맛살로 만듭니다.)

●해바라기 비엔나

비엔나 소시지 1개를 세로로 잘라 나눠, 가로로 칼집을 넣고 이쑤시개로 고정합니다. 중앙에 메추리알을 깨서 넣고 구우면 완성

●감자 볶음 (만드는 법 72쪽)

●토끼 사과 (만드는 법 65쪽)

모양 틀에 찍어낸 주먹밥 도시락

모양 틀 찍어낸 주먹밥 만드는 법

1. 모양틀을 한 번 물에 담갔다가 밥을 채웁니다.

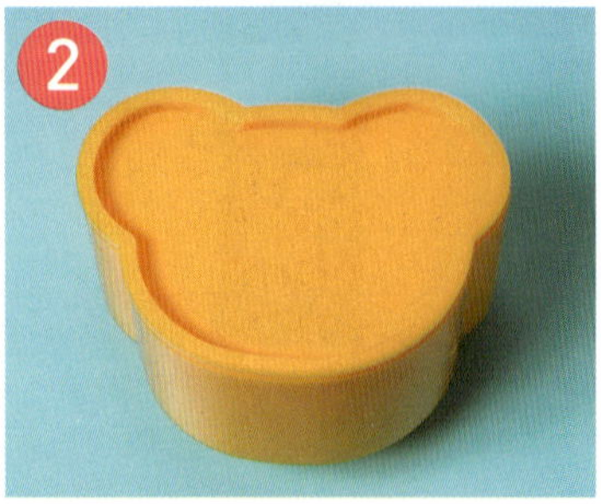

2. 뚜껑을 닫습니다.

3. 거꾸로 놓고 모양틀을 빼냅니다.

4. 소금을 묻힌 손으로 형태를 정리합니다.

menu

- 꼬치 경단 주먹밥
- 삼색 고기 경단
- 방울 토마토
- 마른 넛츠

●꼬치 경단 주먹밥

랩으로 싸서 경단모양으로 둥글게 만든 주먹밥 세 개를 소금을 묻힌 손으로 형태를 정리하여 흰깨, 김, 검은깨를 묻히고 꼬치에 끼웁니다.

●삼색 고기 경단

(고기 경단 만드는 법 = 55쪽)
랩으로 줄콩, 옥수수, 빨간 파프리카를 각각 펼쳐 녹말을 뿌려 둡니다. 가운데에 고기 경단을 놓고 랩으로 균형을 잡으며 감싼 후 전자렌지로 2분 가열합니다.

왼쪽부터 : 줄콩, 옥수수, 빨간 파프리카

20

원 포인트

동글동글하게 만든 고기 경단은 포크로 찍기 쉽고, 먹기 쉬운 반찬입니다.

꼬치경단 주먹밥 도시락

곰돌이 모양 주먹밥 도시락

menu

- 곰돌이 모양 주먹밥
- 고로케
- 우엉 무침
- 데친 브로콜리
- 치즈볼
- 귤

●곰돌이 모양 주먹밥

곰돌이 모양으로 만든 주먹밥은 김으로 눈과 코를 만듭니다. 산앵두 리본과 검은깨, 그리고 맛가루로 옷을 만듭니다.

●고로케

(시판하는 냉동 식품을 사용)

●우엉 무침

(만드는 법 75쪽)

15

원 포인트

곰돌이 속에는 좋아하는 내용물을 넣거나 비빔밥이나 치킨 라이스를 넣어도 좋습니다.

원 포인트

치킨라이스 같은 메뉴는 찬밥을 이용해도 맛있습니다.

menu

- 오므라이스 묶음
- 아스파라거스 베이컨 말이
- 찐 감자
- 딸기

●오므라이스 묶음
(만드는 법 아래 참조)
●아스파라거스 베이컨 말이
(만드는 법 66쪽)
●감자찜
(만드는 법 72쪽)

오므라이스 묶음 도시락

치킨 라이스 만드는 법

[재료]
- 밥 한 공기
- 닭고기 20g • 양파 $^{1}/_{4}$ 개
- 당근, 피망 각각 약간씩
- 케찹 1T, 소금 약간

[만드는 법]
작게 자른 닭고기와 다진 양파와 당근, 피망을 볶습니다.
밥을 넣고 볶은 후, 케찹과 소금으로 간을 맞춥니다.

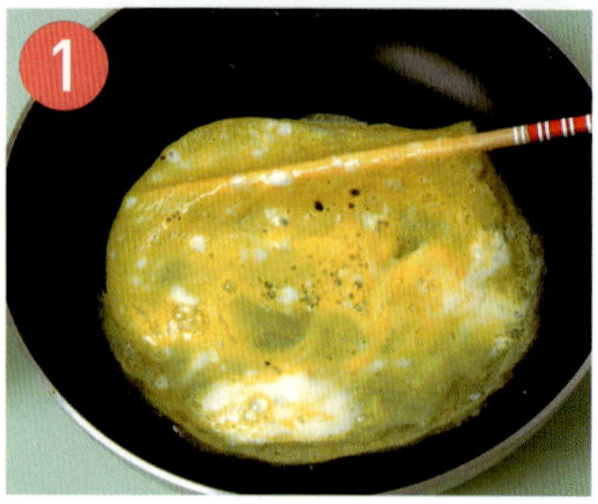

1 계란을 얇게 부칩니다. (계란 1개, 소금 약간, 설탕 1t를 섞는다.)

2 얇게 부친 계란을 랩 위에 옮겨 중앙에 치킨 라이스 주먹밥을 놓습니다.

3 치킨 라이스를 부친 계란으로 감싸듯이 오므려 와이어 리본으로 고정합니다.

●볶음 주먹밥

랩을 펼쳐 중심에 볶음밥을 놓고 꽉 감싸 쥐면 완성.

●새우 볶음밥 만드는 법

[재료]

- 밥 한 공기
- 양파 1/4 개
- 당근 약간
- 완두콩 약간
- 작은 새우 20g
- 계란 1개
- 간장 1t
- 소금 약간

[만드는 법]

❶ 계란 1개에 소금 약간을 섞어 식용유를 두른 프라이팬에 부쳐 접시에 담아 둡니다.

❷ 프라이팬에 식용유를 두르고 잘게 썬 당근, 채 썬 양파, 작은 새우를 볶습니다.

❸ 밥, 부친 계란, 완두콩을 넣고 간장, 소금으로 간을 맞춥니다.

●당면 샐러드

(만드는 법 73쪽)

●문어 비엔나

(만드는 법 63쪽)

●우유 우무

(만드는 법 76쪽)

menu

- 볶음 주먹밥
- 당면 샐러드
- 문어 비엔나
- 우유 우무

20

원 포인트

볶음밥은 젓가락으로 먹기 힘들기 때문에 랩으로 한데 모아 주먹밥으로 만들어 줍니다.

볶음 주먹밥 도시락

녹미채 주먹밥 도시락

menu

- 녹미채(톳) 주먹밥
- 새우 튀김
- 토마토와 오이의 꼬치
- 감

●녹미채 주먹밥

밥 한 공기에 녹미채를 섞어 주먹밥으로 만들어 김으로 감습니다.

●녹미채(톳)

(만드는 법 = 74쪽)

●새우 튀김

(만드는 법 57쪽)

●토마토와 오이 꼬치

(만드는 법 69쪽)

원 포인트

김 대신에 유부초밥용 유부로 싸도 좋습니다.

20

밥이 너무 좋아! 도시락

주식인 밥을 여러 가지로 재구성하면 도시락의 이미지가 변합니다. 그림밥, 양념밥, 덮밥 등 아이들이 좋아하는 주식을 채워 넣어 줍니다.

menu

- 곰돌이 밥
- 하트모양 계란말이
- 미트볼
- 데친 브로콜리
- 우유 우무
- 딸기

●곰돌이 밥
아래 참조
●하트 모양 계란부침
(만드는 법 61쪽)
●미트볼
시판되는 레토르트 제품
●우유 우무
(만드는 법 76쪽)

15

원 포인트
얇은 계란 지단은 식혀서 자릅니다.

곰돌이 도시락

곰돌이 밥 만드는 법

1 얇은 계란 지단은 모양틀을 사용하여 곰돌이 모양으로 잘라 냅니다.

2 밥 위에 곰돌이를 얹습니다.

3 눈, 코는 잘라 낸 김, 귀는 햄을 잘라서 만듭니다.

4 곰돌이 얼굴 주변에 맛가루를 뿌립니다.

곤충 도시락

밥은 고기 소보로(만드는 법 60쪽), 노른자 지단(만드는 법 14쪽), 삶은 야채와 채친 완두콩으로 색깔을 냅니다. 미니 토마토로 무당벌레(만드는 법 64쪽)를 만들고, 비엔나 소시지로 장수풍뎅이(만드는 법 63 쪽)를 만듭니다.

토끼 도시락

얇게 부친 계란을 모양틀로 찍어 낸 다음, 밥 위에 놓습니다. 하트 모양 당근 글라세 김 눈, 당근 입, 파슬리 머리 장식, 얼굴은 핑크색으로 만듭니다.

그림밥 퍼레이드

배 도시락

야채밥 위에 얇게 부친 계란 선체와 소금 다시마로 파도를 만듭니다. 게맛살, 둥글게 단면을 자른 아스파라거스, 모양을 찍어낸 당근으로 완성합니다.

여자아이 도시락

밥 위에 슬라이스 치즈로 얼굴, 잘게 자른 김 머리, 입과 깃은 소시지, 눈은 김으로 그립니다.

menu

- 오므라이스
- 게 비엔나
- 감자 샐러드
- 토끼 사과
- 키위

원 포인트

케첩을 소스용기에 따로 담아주면 먹을 때 스스로 재미있는 모양을 그릴 수 있어서 아이들이 좋아합니다.

20

●오므라이스

만드는 법은 아래 참조

[재료]

치킨 라이스 한 공기분

- (만드는 법 14쪽)
- 버터, 케찹 각각 약간,
- 계란 1개

●게 비엔나

(만드는 법 63쪽)

●감자 샐러드

(만드는 법 72쪽)

●토끼 사과

(만드는 법 65쪽)

오므라이스 도시락

오므라이스 만드는 법

1

치킨 라이스를 만들어 둡니다. 프라이팬을 달구어 버터를 녹이고 풀어둔 계란을 넣고 살짝 섞습니다.

2

①의 치킨 라이스를 올립니다.

3

불을 약하게 하고 양 끝의 계란을 뒤집어 접으면서 감싸 속이 다 익을 때까지 굽습니다.

4

프라이팬에서 오므라이스 아래가 위가 되도록 직접 도시락통에 옮기고 케찹을 짜면 완성.

드라이 카레 도시락

menu

- 드라이 카레
- 데친 브로콜리
- 생 표고버섯 마요네즈 구이
- 과일 샐러드

●드라이 카레

[재료]

다진 고기 200g, 양파 1개, 당근 1개, 카레가루 약간, 콘소메 1개, 고형카레 1개, 소금 · 후추 · 건포도 · 포테이토칩 각각 약간씩.

[만드는 법]

❶ 양파, 당근을 잘게 썰어 볶아 다진 고기를 넣고 더 볶는다.

❷ 다진 고기가 다 익으면 카레 가루를 넣고 물을 약간 넣고 콘소메, 고형 카레, 건포도를 넣고 푹 끓입니다.

❸ 눌어 붙지 않는 정도까지 물기를 없애고 소금, 후추로 간을 맞춥니다.

❹ 밥에 포테이토 칩을 섞어 드라이 카레를 올립니다.

●생 표고버섯 마요네즈 구이

(만드는 법 74쪽)

●과일 샐러드

(만드는 법 76쪽)

원 포인트

밥에 섞는 재료로는 씹는 맛이 있는 콘프레이크나 슬라이스 아몬드가 좋습니다.

볶음밥 도시락

menu

- 볶음밥
- 쇠고기 야채 볶음
- 피망 샐러드
- 미니 토마토, 귤

●볶음밥

[재료]

밥 한공기, 계란 1개, 돼지 수육 2쪽, 파 10cm, 당근 2cm, 식용유 1t, 소금 · 간장 각각 약간씩

[만드는 법]

❶ 프라이팬을 달구어 식용유를 두르고 푼 계란을 넣어 반쯤 익혀서 접시에 놓아 둡니다.

❷ 프라이팬에 식용유를 약간 둘러 잘게 썬 돼지 수육, 파, 당근을 볶고 밥을 넣어 다시 볶습니다. 밥이 풀리면 계란을 넣고 소금 · 간장으로 간을 하여 완성합니다.

●쇠고기 야채 볶음

(만드는 법 67쪽)

●노랑 피망 샐러드

(만드는 법 71쪽)

원 포인트

볶음밥은 부슬부슬해서 밥을 흘리기 쉬우므로 숟가락을 가져가게 합니다.

menu

- 야채 비빔밥
- 삶은 메추리알 튤립
- 데친 완두콩 꼬투리
- 파인애플 비엔나
- 브로콜리 소금 다시마 무침
- 젤리
- 통조림 귤

●삶은 메추리알 튤립

[재료]

삶은 메추리알, 식용색소(또는 홍생강 국물이나 단무지 국물)

[만드는 법] 아래 참조

●브로콜리 소금 다시마 무침

(만드는 법 67쪽)

●파인애플 비엔나

비엔나 소시지에 비스듬하게 격자 칼집을 넣고, 재빨리 기름에 볶는다. 이쑤시개로 위에 구멍을 뚫고 파슬리를 꽂는다.

원 포인트

통조림에 들은 삶은 메추리알도 염색할 수 있습니다.

튤립 도시락

메추리알 물들이는 방법

빨간색 식용색소를 녹인 미지근한 물에 삶은 계란을 넣고 3분 정도 물들입니다. 홍생강 국물 등을 사용할 때는 5~10분 정도가 걸리기 때문에 미리 만들어 둡니다.

삶은 계란의 물기를 닦아내고 칼로 튤립 모양으로 자릅니다. 밥 위에 나란히 놓고 소금을 뿌린 다음 물에 익힌 완두콩 꼬투리를 비스듬히 잘라 줄기처럼 만듭니다.

황색 튤립도 같은 방법으로 만듭니다. (식용색소를 사용하지 않는 경우에는 단무지 국물로 대용할 수 있습니다.)

고기·우엉 비빔밥 도시락

menu

- 고기 우엉 비빔밥
- 야채 에그
- 나폴리탄
- 방울 토마토
- 키위

●고기 우엉 비빔밥

한 공기 분의 밥에 우엉, 고기볶음(만드는 방법 74쪽)을 섞어서 도시락통에 채웁니다. 옥수수콘과 완두콩을 장식하면 완성.

●야채 에그

계란 1개, 소금 · 후추를 같이 섞어서 버터를 녹인 프라이팬에 부어 넣은 다음 믹스 야채를 넣으면 야채 에그가 완성.

●나폴리탄

(만드는 법 40쪽)

원 포인트

간이 되어 있는 밥은 아이들이 잘 먹으므로 익힌 녹미채(톳)나 우엉 무침을 섞어도 좋습니다.

해물 도시락

menu

- 연어 후레이크 비빔밥
- 가리비 조림
- 데친 아스파라거스
- 버터 콘 스크램블 에그
- 방울 토마토

●가리비 조림

새끼 가리비(삶아 놓은 것)를 청주, 맛술, 간장 각 1T로 조리듯이 끓여내고 불을 끄기 직전에 생강 채 썬 것을 약간 넣습니다.

●버터 콘 스크램블 에그

(만드는 법 71쪽)

원 포인트

옥수수는 냉동, 통조림 등이 있지만 생 옥수수를 입수할 수 있는 시기에는 옥수수 알을 떼어내어 만듭니다.

menu

- 닭고기 데리야키 덮밥
- 마카로니 샐러드
- 사과
- 감

●닭고기 데리야키 덮밥
[재료] 닭고기 허벅다리 살 1개, 설탕 · 간장 각 1T, 청주 2T, 잘게 썬 김 적당량
[만드는 법] 아래 참조
●마카로니 샐러드 (만드는 법 72쪽)

원 포인트

닭고기를 작게 잘라 꼬치에 꽂으면 닭고기 꼬치구이가 됩니다.

데리야키 덮밥 도시락

닭고기 데리야키 덮밥 만드는 법

1 프라이팬을 달구고 닭고기를 껍질을 아래로 하여 눌은 자국이 날 때까지 굽습니다.(테프론 코팅이 되어 있지 않은 프라이팬은 기름을 두릅니다.)

2 고기를 뒤집어 양념을 넣고, 뚜껑을 닫아 불을 약하게 하여 고기를 익힙니다.

3 뚜껑을 열고 불을 중불로 키우고 국물을 고루 묻히면서 데리야키를 만들고 잔열이 식으면 1cm 정도로 자릅니다.

4 밥 위에 잘게 썬 김을 깔고, 한 입 크기로 자른 데리야키를 올립니다.

장어 덮밥 도시락

menu

- 장어 구이 덮밥
- 시금치 치즈 무침
- 키위
- 젤리

●장어구이 덮밥 (계란 지단 올린 것)

장어구이는 냉동이나 진공팩에 든 것을 데워서 한입 크기로 잘라 소스를 고루 묻힙니다. 밥 위에 가늘고 길게 자른 것 계란 지단을 깔고 장어를 나란히 올리면 완성됩니다.

●시금치 치즈 무침

(만드는 법 66쪽)

원 포인트

젓가락을 잘 사용할 수 있다면 장어를 자르지 않아도 좋습니다.

게 야채 계란 부침 덮밥 도시락

●게 · 야채 · 계란 부침 덮밥

[재료]

계란 1개, 게(통조림) 혹은 게맛살 30g, 잘게 썬 파 1T, 표고버섯 1장, 꼬투리 완두 조금, A(식초, 설탕, 간장, 각 1t), 식용유 2t, 밥 한 공기

[만드는 법]

❶ 그릇에 계란을 깨어 넣고 풀어놓은 게, 파, 데친 표고버섯과 꼬투리 완두, A를 넣고 잘 섞습니다.

❷ 조금 작은 프라이팬에 식용유를 두르고 달군 다음 ①을 한 번에 붓고 강불에 재빨리 섞으면서 둥글게 모아 익힙니다.

❸ 도시락통에 밥을 채우고 ②를 올리면 완성.

●연근 무침

(만드는 법 74쪽)

●깍지콩

시판되는 냉동 식품

menu

- 게 · 야채 · 계란 부침 덮밥
- 연근 무침
- 깍지콩
- 딸기

원 포인트

위에 뿌리는 소스를 푼 계란에 섞어 넣어 구운 아이디어 덮밥입니다. 숟가락을 가져가게 하면 먹기 편하겠지요.

아이 좋아라! 초밥 도시락

초밥은 먹음직스럽게 보이기 때문에 아이들도 매우 좋아합니다. 특별한 날의 도시락에는 딱 맞지요. 또 초밥의 식초가 살균효과가 있어 장마철에도 쉽게 상할 염려가 적으므로 추천합니다.

menu

- 비엔나 말이
- 계란 말이
- 아스파라거스 베이컨 말이
- 토끼 사과

15

●비엔나 말이

[재료]

- 밥 한 공기 분의 초밥
- 김 약 1/2 장
- 치즈 들어 간 비엔나 소시지 2개

[초밥 만드는 법]

한 공기 분의 밥에 식초 1T, 설탕 1T, 소금 1 1/3t를 잘 섞어 따뜻한 밥에 뿌리고, 잘라내듯이 섞어 식힙니다.

●계란 말이

(만드는 법 61쪽)

●아스파라거스 베이컨 말이

(만드는 법 66쪽)

●토끼 사과

(만드는 법 65쪽)

원 포인트

말이를 사용하지 않고 랩으로 돌돌 말아 만드는 간단한 김말이입니다. 밥은 초밥이나 보통 밥이라도 OK!

간단 비엔나 말이 도시락

비엔나 말이 만드는 법

1 랩에 김 1/2장을 세로로 길게 놓고 (김은 1/5 정도 자르면 말 때에 마무리가 편합니다), 맞은 편에 3cm 정도 남겨 놓고 밥을 펼칩니다.

2 치즈가 들어간 비엔나 소시지를 올립니다.

3 내용물을 누르면서 랩 채로 김을 들어 올려 앞쪽부터 맙니다. 김으로 말아 올린 다음에 랩으로 확실히 말아 누릅니다.

4 김이 자리를 잡으면 랩 채로 한입 크기로 자릅니다.

군함말이 도시락

menu

- 군함 말이
- 단호박 버터 조림찜
- 어묵과 오이
- 해바라기 비엔나

●군함 말이(3종류)
- 새우 마요네즈 무침
- 멸치
- 연어 후레이크

한 공기 분의 밥을 4등분으로 나눠서 주먹밥을 만들어 주먹밥 높이보다 약간 높은 폭으로 김을 맙니다. 각각에 새우 마요네즈 무침, 멸치, 연어 후레이크를 올립니다.

[새우 마요네즈 무침 만드는 법]
익힌 새우 30g, 마요네즈 1T, 약간의 간장을 잘 섞습니다.

●단호박 버터찜
(만드는 법 70쪽)

●어묵과 오이
(만드는 법 73쪽)

●해바라기 비엔나
(만드는 법 63쪽)

박오가리 말이 도시락

menu

- 박오가리 말이
- 한입 커틀렛
- 호빵맨 포테이토
- 귤

●박오가리 말이

[재료]
- 멸치국물 150cc
- 간장 1T, 설탕 2T
- 소금 적당량
- 초밥 한 공기분(만드는 법 24쪽)
- 김 $^{1}/_{4}$장

[만드는 법]
박오가리는 물로 씻어서 소금으로 잘 문지릅니다. 소금을 헹구어 내고 물에 담가서 충분히 불린 다음 물을 짜서 김의 길이로 자릅니다.
멸치국물, 설탕, 간장을 넣고 간이 베어 들 때까지 박오가리를 푹 삶습니다.
왼쪽 사진을 참고하여 김을 가로가 길게하여 박오가리 말이를 만듭니다.

menu

- 꽃 김말이
- 문어 비엔나
- 토마토와 치즈볼 꼬치

●꽃 김말이

[재료]

김 3/4장, 초밥 한 공기(만드는 법 24쪽), 벚꽃 튀김, 삶은 시금치, 계란 지단 약간씩

●문어 비엔나

(만드는 법 63쪽)

●토마토와 치즈볼 꼬치

토마토 꼬치(만드는 법 69쪽)의 오이 대신 치즈를 꽂습니다.

원 포인트

야채를 싫어하는 아이들도 김말이 안에 쏙 들어간 야채는 먹을 수 있습니다.

꽃 김 말이 도시락

1 김은 1/2을 1/4과 사용합니다. 김 1/2장을 세로가 길게 놓고, 초밥으로 중앙에 3개의 산을 만듭니다.(말이의 끝 부분에 1.5cm 정도의 김을 남겨 둡니다.)

2 앞쪽부터 시금치, 튀김, 계란 지단, 시금치 순으로 골짜기 부분에 내용물을 놓습니다.

3 1/4의 김으로 중앙 부분의 산을 덮습니다.

4 내용물을 누르면서 랩 채로 김을 들어 올려 앞쪽부터 맙니다. 김으로 말아 올린 다음에 랩으로 확실히 말아 누릅니다. 김이 자리를 잡으면 랩 채로 한 입 크기로 자릅니다.

샐러드 말이 도시락

menu
- 샐러드 말이
- 치킨 너겟
- 콩자반
- 딸기

원 포인트
김 대신 계란 지단으로 말아도 맛있습니다.

25

●샐러드 말이

[재료]
- 김 1/2장, 초밥 한 공기(만드는 법 24쪽)
- 통조림 참치 1T
- 게맛살 3개 • 계란 지단
- 양상추 • 마요네즈 각각 적당량

※ 계란 지단은 14쪽의 얇게 부친 계란을 채칩니다.

[만드는 법]

❶ 랩에 김 1/2장을 세로가 길게 놓고 맞은편에 2cm 정도 남긴다음 초밥을 펼쳐 통조림 참치, 게맛살, 계란 지단, 양상추, 마요네즈 순으로 올립니다.

❷ 내용물을 누르면서 랩 채로 김을 들어 올려 앞에서부터 맙니다. 김으로 말아 올린 윗부분을 랩으로 확실히 말아 누릅니다.

❸ 김이 자리를 잡으면 랩 채로 한입 크기로 자릅니다.

●치킨 너겟

냉동 등 가공제품을 가열하여 채웁니다.

●콩자반

시판되는 콩자반을 꼬치에 꽂습니다.

김밥 도시락

menu
- 불고기 샐러드 야채 보쌈
- 게맛살 계란말이
- 젤리
- 통조림 귤

원 포인트
구운 김에 얇게 참기름을 바르고, 소금을 뿌려 살짝 구우면 조미김이 됩니다.

20

●김밥

[재료]
- 조미김(구운 김) 1/2장
- 밥 한 공기
- 나물 무침(만드는 법 75쪽)

[만드는 법]

❶ 랩에 김 1/2장을 세로가 길게 놓고 맞은편은 2cm로 정도 남기고 초밥을 펼쳐 나물무침을 올립니다.

❷ 내용물을 누르면서 랩 채로 김을 들어 올려 앞에서부터 맙니다. 김으로 말아 올린 윗 부분을 랩으로 확실히 말아 누릅니다.

❸ 김이 자리를 잡으면 랩 채로 한입 크기로 자릅니다.

●불고기 샐러드 야채 보쌈

❶ 쇠고기 얇게 자른 것 50g을 간장, 맛술 각 1t, 다진 마늘 약간으로 밑간을 합니다.

❷ 예열한 프라이팬으로 고기를 잘 구워, 씻어서 물기를 뺀 샐러드 야채로 싸서 도시락통에 채웁니다.

●게맛살 계란말이

(만드는 법 61쪽)

유부 초밥 도시락

menu

- 유부 초밥
- 고기 경단
- 명란젓 곤약 무침
- 아스파라거스 버터 볶음
- 방울 토마토, 귤

원 포인트

시판되고 있는 간이 된 유부를 사용하면 단시간에 만들 수 있습니다. 초밥으로 유부초밥을 하면 더욱 맛있어요!

15

●유부 초밥

[재료] 유부 초밥용 유부 두 개는 기름을 빼고, 물 1컵, 간장 2T, 설탕, 청주 각 2t를 넣어 뚜껑을 덮고 15분간 느긋하게 양념맛이 배어들도록 은근한 불로 조려 놓습니다.

[만드는 법] 아래 참조

●고기 경단

(만드는 법 55쪽)

●명란젓 곤약 무침

(만드는 법 68쪽)

응용 메뉴

유부의 둘레를 안쪽으로 접어 넣고 위에 소금에 버무린 오이를 장식합니다.

유부 초밥 만드는 법

1. 한 공기 분량의 초밥에 깨 1T을 섞습니다.

2. 초밥을 2등분하여 작은 주먹밥을 만듭니다.

3. 국물을 가볍게 짠 유부에 주먹밥을 채웁니다.

4. 유부 가장자리를 겹쳐서 모양을 가다듬으면 완성.

낫또 김쌈 도시락

menu

- 낫또 김쌈
- 돼지고기 감자 말이
- 줄콩 깨무침
- 방울 토마토
- 감, 키위

● 낫또 김쌈

한 공기 분의 초밥(만드는 법 24쪽), 간을 한 낫또, 4등분한 김을 3장 준비합니다. 김 중앙에 3등분한 초밥을 펼치고, 낫또를 1t 정도 올립니다. 낫또가 삐져 나오지 않도록 주의하여 쌉니다.

● 감자 돼지고기 말이

(만드는 법 74쪽)

● 줄콩 깨무침

(만드는 법 66쪽)

원 포인트

낫또를 김으로 싸 버리면 끈적거림도 냄새도 해결할 수 있습니다.

낫또 : 삶은 콩을 발효시킨 것. 한국의 청국장의 비슷하다.

챠킨 히나 인형 도시락

menu

- 챠킨 히나 인형 초밥
- 보리새우 튀김
- 시금치 깨무침
- 방울 토마토
- 귤 우무

● 챠킨 히나 인형 초밥

계란 하나로 얇은 지단을 2장 만듭니다. 초밥(만드는 법 24쪽)에 흰깨나 좋아하는 내용물을 섞어서 조금 작은 공 모양의 주먹밥을 만들어 얇은 계란 지단으로 감쌉니다.

검은 깨로 눈을 붙인 치즈볼을 장식하여 꼬치에 꽂아 올립니다.

● 보리새우 튀김

(만드는 법 68쪽)

● 시금치 깨무침

(만드는 법 66쪽, 시금치 검은 깨 무침에서 깨를 흰깨로 바꿉니다.)

● 귤 우무

(만드는 법 77쪽)

원 포인트

챠킨을 묶을 때는 조금 느슨하게 해 두는 것이 좋아요. 감쌀 때, 얇게 부친 계란이 찢어지지 않도록 주의하세요!

챠킨 : 생선, 채소 등을 섞어서 맛을 낸 밥을 얇은 계란 부침으로 싸고 박고지나 가는 다시마로 묶은 초밥

menu

- 토끼 모양 어묵
- 머위 가다랑어포 데침
- 시금치 치즈 무침
- 으깬 고구마

●초밥으로 만든 주먹밥 도시락

[재료]

초밥 한공기, 계란 지단(만드는 법 14쪽), 꼬투리 강낭콩, 벚꽃 튀김.

[만드는 법]

아래 참조

●토끼 모양 어묵

(만드는 법 63쪽)

●머위 가다랭이포 데침

(만드는 법 66쪽)

●으깬 고구마

(만드는 법 70쪽)

원 포인트

주먹밥처럼 먹을 수 있어서 소풍이나 운동회 등의 이벤트에 추천하는 메뉴입니다.

초밥으로 만든 주먹밥 도시락

만드는 법

1 한 공기 분량의 초밥에 생선, 야채 등을 잘게 썰은내용물(시판 제품)을 섞어서 둥글게 주먹밥을 만듭니다.

2 랩을 펼쳐서 꽃 모양으로 자른 계란 지단과 삶은 꼬투리 강낭콩을 얇게 썰어 둡니다.

3 그 위에 벚꽃 튀김을 뿌립니다.

4 주먹밥으로 만든 초밥을 놓고 랩으로 감싸 형태를 만듭니다.

모양 틀에 찍어낸 케이크 초밥 도시락

menu

- 케익 초밥
- 샤오마이 튀김
- 나뭇잎 사과
- 포도

원 포인트

데코레이션 케익 같은 초밥은 생일날 깜짝 도시락으로!

20

●틀에 찍어낸 케익 초밥

[재료] 한 공기 분량의 초밥,
• 삶은 계란 $^1/_2$개 • 고기 소보로 1T, 장식(어묵, 벚꽃 튀김, 꽃 모양 틀에 찍어낸 삶은 당근, 체리 각각 약간)

[만드는 법]

❶ 초밥을 2등분하여 각각 잘게 썬 삶은 계란, 고기 소보로를 섞습니다. 둥근 틀 안에 랩을 깔고, 벚꽃 튀김, 삶은 계란, 초밥 순으로 채우고 스푼으로 평평하게 누릅니다.

❷ 고기 소보로 초밥을 겹쳐서 틀로 찍어 랩을 벗깁니다. 부채 모양으로 자른 어묵, 틀에 찍어낸 삶은 당근, 체리로 장식하면 완성.

●튀김 샤오마이

시판되는 샤오마이를 튀김옷 없이 튀겨 넣어줍니다.

●나뭇잎 사과

(만드는 법 65쪽)

샐러드 초밥 도시락

원 포인트

찬밥일 때는 전자레인지에 데우고 나서 드레싱을 섞도록 합니다.

15

menu

- 샐러드 초밥
- 닭고기 튀김
- 방울 토마토
- 젤리
- 드라이 참치

●샐러드 초밥

[재료]

- 한 공기 분량의 뜨거운 밥
- 좋아하는 드레싱 혹은 초밥용 식초 적당량
- 햄, 슬라이스 치즈
- 당근
- 오이
- 샐러드 야채 각각 약간씩.

[만드는 법]

❶ 뜨거운 밥에 드레싱을 섞어 초밥을 만들어 식혀 둡니다

❷ 도시락통에 샐러드 야채를 깔고 초밥을 채웁니다

❸ 하트 모양 등의 틀로 찍은 햄과 오이 등을 위에 장식하여 완성합니다.

●닭고기 튀김

(만드는 법 56쪽)

야! 신난다 샌드위치

손에 들고 덥석 베어 먹을 수 있는 샌드위치 도시락은 아이들에게 인기가 좋습니다. 야채나 고기 등을 균형있게 끼울 수 있기 때문에 쉽게 영양을 섭취할 수 있는 도시락입니다.

menu

- 틀에 찍어낸 샌드위치
- 치킨 너겟
- 방울 토마토
- 젤리

20

원 포인트

틀에 찍어낸 샌드위치에 적당한 내용물은 시트 상태의 햄이나 치즈, 페이스트(갈아 으깬) 상태의 크림이나 잼이 좋습니다.

● 틀에 찍어낸 샌드위치

[재료]

- 샌드위치용 식빵 2장
- 버터 약간
- 마멀레이드
- 삶은 계란
- 마요네즈
- 햄
- 블루베리 잼
- 검은깨, 흰깨 각 적당량

[만드는 법]

샌드위치용 식빵 두 장을 겹쳐서 4등분 하여 각각의 틀에 찍어 냅니다. 안쪽에 가볍게 버터를 바르고 각각의 내용물을 끼워서 눈 위치에 깨를 놓습니다.

틀에 찍어낸 샌드위치 도시락

틀에 찍어낸 샌드위치의 응용

병아리 / 삶은 계란 마요네즈

토끼 / 햄

코끼리 / 블루베리 잼

곰 / 마멀레이드

포켓샌드위치 도시락

menu

- 포켓 샌드위치
- 두부 경단
- 딸기
- 키위

●포켓 샌드위치

[재료]

- 식빵 1장,
- 돈까스(냉동식품이나 전날 남은 것을 사용합니다) 소스, 채 썬 양배추, 샐러드 야채 각각 적당량.

[만드는 법]

식빵을 2등분하여 깊게 칼 자국을 내서 포켓을 만듭니다. 채 썬 양배추와 소스를 얹은 돈까스를 채워 넣습니다.

●두부 경단

(만드는 법 77쪽)

원 포인트

속 재료가 흘러나오지 않아서 먹기 쉬운 주머니 모양 샌드위치입니다. 다양한 내용물을 넣을 수 있습니다.

롤 샌드위치 도시락

menu

- 롤 샌드위치
- 코울슬로
- 메추리알과 오이 꼬치
- 딸기

●롤 샌드위치

햄

치즈+김

타라모 샐러드

[재료]

- 샌드위치용 식빵 3장
- 햄
- 김
- 슬라이스 치즈, 타라모 샐러드(만드는 법 69쪽) 각 적당량,
- 버터 약간

[만드는 법]

❶ 식빵에 얇게 버터를 발라 랩 위에 놓고 각각의 재료를 올려 랩으로 만든 초밥 말이 방식으로 돌돌 말아 갑니다.

❷ 랩 끝을 비틀어 고정시킨 다음 자릅니다. 만 것이 풀리지 않도록 빈틈없이 채웁니다.

●코울슬로

(만드는 법 67쪽)

●메추리알과 오이 꼬치

카레 조림(만드는 법 71쪽)과 한 입 크기로 자른 오이를 꼬치에 꽂습니다.

원 포인트

롤 샌드위치의 재료로는 물기가 없는 것이 깔끔합니다.

menu

- 볶음면 빵
- 독일식 감자 볶음
- 시금치 치즈 무침
- 방울 토마토 • 딸기
- 우유 우무

20

원 포인트

핫도그용 빵이나 롤 빵은 아이들의 취향에 맞게 선택합니다.

볶음면 빵 도시락

●볶음면 빵

[재료]

볶음면 빵

(만드는 법 44쪽)

롤 빵 2개

버터 약간

[만드는 법] 아래 참조

●독일식 감자 볶음

(만드는 법 72쪽)

●시금치 치즈 무침

(만드는 법 66쪽)

●우유 우무

(만드는 법 76쪽)

볶음면 빵 만드는 법

1 롤 빵에 칼집을 넣습니다.

2 칼집을 넣은 안 쪽을 도려 냅니다.

3 좌우 함께 도려내고, 얇게 버터를 바른 다음 볶음면를 듬뿍 넣어 줍니다.

응용 윗부분을 얇게 잘라 컵으로 도려내는 방법도 있습니다.

햄버거 도시락

menu

- 미니 사이즈 햄버거
- 감자 버터 샐러드
- 당근 샐러드
- 망고 우무 모음

●미니 사이즈 햄버거

[재료]

- 롤 빵 2개
- 샐러드 야채, 노랑 피망
- 케찹, 버터 각 약간씩

※ 햄버거 만드는 법 = 54쪽

[만드는 법]

❶ 롤 빵은 가로로 칼집을 넣어 버터를 얇게 발라 둡니다.

❷ 샐러드 야채, 햄버거, 케찹, 채 친 노랑 피망 순으로 위부터 넣어 갑니다. 삐져 나오지 않도록 꼬치 등으로 고정합니다.

●감자 버터 샐러드

(만드는 법 73쪽)

●당근 샐러드

(만드는 법 68쪽)

●망고 우무 모음

(만드는 법 77쪽)

원 포인트

햄버거는 조금 작은 편이 먹을 때에 재료가 덜 빠져나가서 좋습니다.

핫도그 도시락

●핫도그

[재료]

- 롤 빵 2개
- 비엔나 소시지 2개
- 양상추 • 케찹
- 버터 각 적당량

[만드는 법]

❶ 롤 빵 2개는 중앙에 틈을 넣어 안쪽에 버터를 얇게 바릅니다.

❷ 씻어서 수분을 없애고 채 쳐 놓은 양상추를 끼워 넣고 양념한 비엔나 소시지를 올려 케찹을 뿌립니다.

●토마토와 오이와 치즈볼 꼬치

토마토와 치즈볼과 틀로 찍어낸 오이를 꼬치에 꽂습니다.

●고구마 케익

(만드는 법 76쪽)

원 포인트

케찹은 따로 가져가게 하여 먹을 때 아이가 직접 뿌려도 좋습니다.

menu

- 핫도그
- 토마토와 오이와 치즈 볼 꼬치
- 고구마 케익
- 포도

menu

- 핫케이크 말이
- 과일

●핫케이크 말이

[재료]

- 핫케이크 믹스 50g • 물 $^{1}/_{3}$ 컵
- 포테이토 샐러드 2T(만드는 법 72쪽)
- 비엔나 소시지 2개, 샐러드 야채, 케첩 각 적당량

20

원 포인트

얇게 구운 핫케이크를 식은 다음 말면 부서져 버립니다. 뜨거울 때 롤 상태로 만들면 부서지지 않습니다.

핫케이크 말이 도시락

핫케이크 만드는 법

1 핫케이크 믹스와 물을 맞춰서 섞습니다.

2 가열한 데프론 프라이팬에 $^{1}/_{2}$ 분량을 부어 넣습니다.

3 불을 줄이고 잘 굽습니다.

4 뜨거울 때 랩을 이용하여 롤 모양으로 만들어 두었다가 식으면 각각의 재료를 끼워 맙니다.

menu

- 틀에 찍어낸 핫케이크
- 치킨 너겟
- 당근 글라세
- 오렌지, 키위

●틀에 찍어낸 핫케이크

[재료]

- 핫케이크 믹스 50g
- 푼 계란 1/2개, 우유 2T
- 초콜릿 크림 약간

[만드는 법]

❶ 핫케이크 믹스와 푼 계란, 우유를 섞어서 달군 테프론 프라이팬에 부어 넣습니다. (곰돌이 틀로 3장 찍어낼 크기로 굽는다)

❷ 다 굽고 잔열이 식으면 틀로 찍어 냅니다.

❸ 눈, 코, 입, 귀를 초콜릿 크림으로 그립니다.(랩에 초콜릿 크림을 덜어, 작은 구멍을 뚫고 짜 내거나 나무 젓가락으로 그리면 쉽습니다.)

●당근 글라세

(만드는 법 68쪽)

원 포인트

틀로 찍어낼 때 도마 등 평평한 곳 위에 뒤집어 두고 세게 꽉 힘을 주면 깨끗하게 찍힙니다.

모양 틀에 찍어낸 핫케이크 도시락

야채 핫케이크

menu

- 야채 핫케이크
- 삶은 계란
- 삶은 사과
- 포도

●야채 핫케이크

[재료]

- 핫케이크 믹스 50g
- 푼 계란 1/2개
- 우유 3T, 야채 믹스 2T

[만드는 법]

❶ 핫케이크 믹스와 푼 계란, 우유, 야채 믹스를 섞어서 달군 테프론 프라이팬에 1/2씩 부어 넣습니다.

❷ 양면을 잘 구워 먹기 쉬운 크기로 잘라 채워 넣어 줍니다.

●사과 조림

(만드는 법 77 쪽)

원 포인트

야채가 들어간 핫케이크는 영양면에서도 좋습니다.

menu

- 프렌치 토스트
- 파인애플 비엔나
- 호빵맨 포테이토
- 토끼 사과

- 프렌치 토스트
(만드는 법 = 아래 참조)
- 토끼 사과
(만드는 법 65쪽)
- 파인애플 비엔나
(만드는 법 20쪽)

15

원 포인트

도시락통 크기에 맞춰 빵을 자릅니다. 계란물의 설탕량을 줄이고 꿀이나 메이플 시럽을 따로 가져가게 해도 좋습니다.

프렌치 토스트 도시락

프렌치 토스트 만드는 법

[재료]
- 프랑스 빵 2조각
- 계란 1개
- 우유 1/2컵
- 설탕 2t
- 버터 1/2T

1 계란, 우유, 설탕을 섞은 계란물을 만듭니다.

2 먹기 쉬운 크기로 자른 빵을 계란물을 넣은 크고 넓은 그릇에 먹기 쉬운 크기로 자른 빵을 담급니다.

3 버터를 녹인 프라이팬에 양면을 고소하게 구워 냅니다.

● 핫 샌드위치(햄과 치즈)

[재료]

식빵 2개, 슬라이스 치즈 1장, 햄 2장

[만드는 법]

식빵, 햄, 치즈, 햄, 식빵 순서로 넣고 샌드위치 메이커로 양면을 노릇노릇하게 구워 십자로 잘라 채워 넣습니다.

● 고구마 맛탕

(만드는 법 76쪽)

원 포인트

브로콜리는 끓는 물에 식용유와 소금을 넣고, 한 입 크기로 잘라서 데치면 예쁜 색으로 완성됩니다.

menu

- 핫 샌드위치
- 데친 브로콜리
- 고구마 맛탕

15

핫 샌드위치 도시락

타코스풍 샌드위치 도시락

● 타코스풍 샌드위치

[재료]

- 샌드위치용 식빵 2장,
- 쇠고기와 돼지고기를 섞어 갈은 것 100g
- 당근 50g • 양파 50g
- 방울 토마토 5개 • 케첩 3T
- 소금, 후추, 넛맥(육두구)
- 파프리카 각 약간씩
- 콘소메 스프 스톡 1개
- 양상추, 버터 각 약간씩

[만드는 법]

❶ 양상추를 씻어 채 쳐 둡니다. 당근, 양파, 방울 토마토는 잘게 썰어서 달군 프라이팬에 볶습니다.

❷ 그 다음에 갈은 고기를 넣어 볶고, 조미료를 넣고 물기가 없어질 때까지 볶아 익힙니다.

❸ 샌드위치용 식빵에 얇게 버터를 바르고 채 친 양상추, 볶은고기를 감싸듯이 빵을 반 접습니다. 재료가 빠져 나오지 않도록 랩으로 감싸서 도시락 통에 채웁니다.

● 토마토와 오이 꼬치

(만드는 법 69쪽)

menu

- 타코스풍 샌드위치
- 토마토와 오이의 꼬치
- 포테이토 칩
- 귤

20

원 포인트

빵에 끼워 넣는 양상추는 채 썰면 이로 물어 끊기 쉽기 때문에 쉽게 먹을 수 있습니다.

후루룩 쩝쩝 면 도시락

차가워도 맛있는 스파게티나 볶음면은 양이 적은 아이도 먹기 쉬운 도시락입니다. 주식과 균형을 맞추어 곁들여진 야채를 같이 먹을 수 있기 때문에 영양소도 골고루 섭취할 수 있습니다.

menu

- 나폴리탄
- 치킨 너겟
- 감자 샐러드
- 포도
- 방울 토마토

●나폴리탄
아래 참조
●감자 샐러드
(만드는 법 72쪽)
●치킨 너겟
시판제품을 익혀서 채웁니다.

20

원 포인트

스파게티를 마카로니로 대체하여 야채를 약간 크게 자르면 숟가락으로 먹기도 쉽습니다.

나폴리탄 도시락

나폴리탄 만드는 법

[재료]

- 스파게티 30g
- 당근 20g
- 양파 30g
- 피망 1/2개
- 베이컨 2장
- 케찹 2T
- 버터 약간

[만드는 법]

❶ 스파게티는 소량의 소금을 넣은 끓는 물에 삶습니다.
❷ 베이컨, 양파, 당근, 피망을 채 썰어 버터로 볶습니다.
❸ 다 삶은 스파게티를 넣고 케첩으로 간을 맞춥니다.

미트 소스 스파게티 도시락

menu

- 미트 소스 스파게티
- 고로케
- 귤
- 우무 딸기

●미트 소스 스파게티

[재료]

- 갈은 고기 200g
- 양파 1개
- 당근 $^1/_2$개
- 토마토 통조림 1컵
- 콘소메 스프 스톡 2개
- 케찹 적당량
- 설탕, 소금, 후추 각 약간씩
- 스파게티 30g

[만드는 법]

❶ 양파와 당근을 잘게 썹니다.

❷ 양파, 당근, 저민 고기를 볶아 다 익으면 잘게 썬 통조림 토마토와 조미료를 넣어 국물이 졸아들 때까지 함께 끓입니다.

❸ 삶은 스파게티에 식용유를 약간 바르고 도시락통에 채워 미트소스를 붓고 틀에 찍어낸 치즈를 장식합니다.

●고로케

(냉동 식품을 익혀서 넣습니다)

●귤 우무

(만드는 법 77쪽)

원 포인트

스파게티를 반으로 잘라서 삶으면 짧아서 아이가 먹기 쉽습니다.

버섯 스파게티 도시락

menu

- 버섯 스파게티
- 게맛살 계란 말이
- 콩자반
- 토마토와 오이 꼬치
- 딸기

●버섯 스파게티

[재료]

- 베이컨 2장
- 표고버섯, 잎새버섯, 느타리 버섯 각 10g씩
- 소금, 간장, 버터 약간씩
- 스파게티 30g

[만드는 법]

❶ 베이컨 표고버섯, 잎새버섯, 느타리 버섯을 먹기 쉬운 크기로 잘라 버터와 함께 볶습니다.

❷ 다 익힌 스파게티를 넣고 소금, 간장으로 간을 맞춥니다.

●게맛살 계란말이

(만드는 법 61쪽)

●토마토와 오이 꼬치

(만드는 법 69쪽)

원 포인트

버섯은 여러 종류 넣는 편이 맛있습니다. 콩자반은 시판되는 것을 예쁜 꼬치에 꽂아 넣습니다.

menu

- 칠석 소면
- 샤오마이
- 튤립 사과

원 포인트

소면이 담백하기 때문에 진한 맛의 반찬을 넣어주는 것이 좋습니다.

15

●칠석 소면 만드는 법 (아래 참조)

●샤오마이

❶ 55쪽의 고기 경단 1개분의 재료를 샤오마이 껍질로 쌉니다.

❷ 잎(양배추, 양상추, 배추 등)을 깐 접시에 놓고 랩을 씌워 전자레인에 약 1분 30초 정도 가열하면 완성.

●튤립 사과 (만드는 법 65쪽)

칠석 소면 도시락

칠석 소면 만드는 법

1 소면 약 30g을 삶아 손가락으로 감아 올립니다.

2 작게 나누어 도시락통에 채웁니다. 국수 위에 틀에 찍어낸 계란 지단과 오이, 방울 토마토로 장식합니다.

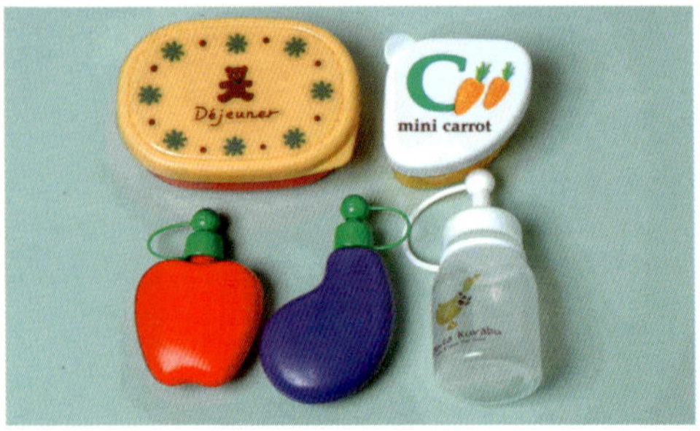

면의 양념 장국은 별도 용기에 넣어 먹기 전에 소면에 뿌려서 먹습니다. (위 두 가지 용기는 장국을 찍어 먹을 때 아래 세 가지 용기는 장국에 뿌려서 먹을 때 씁니다.)

볶음 우동 도시락

menu

- 볶음 우동
- 파인애플 비엔나
- 방울 토마토
- 망고 우무

●볶음 우동

[재료]

- 건면 30g 혹은 삶은 면 $^1/_2$ 팩
- 양파 $^1/_6$ 개 • 당근 10g
- 양배추 1장
- 다시 2T, 간장 1t,
- 어묵 약간

[만드는 법]

❶ 양파, 당근 채 썬 것과 양배추 썬 것을 식용유로 볶아, 우동을 넣습니다.

❷ 다시 2T와 간장 1t를 넣고 면을 풀면서 볶아 물기가 없어지면 완성입니다.

❸ 위에 어묵으로 장식합니다.

원 포인트

가다랭이포나 파래김 등을 따로 준비해서 먹을 때 토핑으로 사용하면 좋습니다.

냉유부 우동 도시락

menu

- 냉 유부와 우동
- 닭고기 튀김
- 삶은 브로콜리
- 오렌지

●냉 유부와 우동

[재료]

- 우동(건면) 30g • 양상추,
- 당근, 유부(설탕과 간장으로 매콤 달콤하게 조린 것)
- 국수장국 각 적당량

[만드는 법]

❶ 면을 삶아 물로 씻어 체에 담아 둡니다.

❷ 유부(만드는 법 28쪽 참조)를 두껍게 자르고, 당근은 채 치고 양상추는 손으로 한 입 크기로 잘게 찢어 둡니다.

❸ 도시락통에 조금씩 나눈 면을 넣고 그 위에 재료를 나란히 올립니다. 국수장국은 별도 용기에 넣어서 가져가게 합니다.

●닭고기 튀김

(만드는 법 56쪽)

원 포인트

깨소금 소스나 마요네즈로 응용한 국수도 맛있습니다.

menu

- 볶음면
- 메추리알 체리
- 감자 샐러드
- 젤리
- 토끼 사과
- 파인애플

20

●볶음면

❶ 양배추 한 장은 큼직하게 썰고, 양파 $1/4$개, 피망, 당근 10g은 채 썰어서 식용유에 볶아 찐 면$1/2$ 봉지를 넣고 따뜻한 물을 조금 넣습니다.

❷ 면을 풀면서 소스를 넣고 같이 볶습니다. 도시락통에 채워 파래김을 뿌립니다.

●메추리알 체리
(만드는 법 62쪽)

●감자 샐러드
(만드는 법 72쪽)

●토끼 사과
(만드는 법 65쪽)

원 포인트

볶음면은 염분이 많기 때문에 디저트 과일을 조금 많이 넣어 줍니다.

볶음면 도시락

면 취급법

면을 처음부터 잘라두면 분량을 재기 쉽고 면도 짧아서 먹기 좋습니다.

소금 볶음면 만드는 법

소금 볶음면 만드는 방법은 면을 풀고 과립 양념과 소금으로 간을합니다. 중간에 구멍 뚫린 어묵과 햄으로 토핑합니다.

오므라이스 볶음면 만드는 법

소스 볶음면을 얇게 부친 계란에 감쌉니다. 맛있는 도시락이 됩니다.

쌀국수 볶음 도시락

menu

- 쌀국수 볶음
- 토마토와 오이 꼬치
- 깨 경단
- 귤 우무

●쌀국수 볶음

[재료]

- 쌀국수 30g • 베이컨 2장
- 껍질 벗긴 새우 5개
- 양파 1/6개 • 피망 1/2개
- 중화스프가루
- 굴소스, 식용유, 참기름 각 약간씩

[만드는 법]

❶ 쌀국수는 물에 담가 불려 놓습니다.

❷ 베이컨, 당근, 양파를 채 썬 다음 피망은 둥글게 썰고 껍질 벗긴 새우는 씻어서 등 내장을 빼 둡니다.

❸ 프라이팬을 예열하여 식용유에 베이컨, 야채, 새우 순으로 넣고 볶습니다.

❹ 불은 쌀국수를 넣고 조미료를 추가하여 같이 볶은 다음 마지막으로 참기름을 둘러 넣으면 완성.

원 포인트

쌀국수는 볶을 때 물을 넣으면서 뜸들이는 방식을 선택하면 조리시간을 더욱 단축할 수 있습니다.

●토마토와 오이 꼬치

(만드는 법 69쪽)

●깨 경단

(만드는 법 76쪽)

●귤 우무

(만드는 법 77쪽)

해산물 탕수 볶음면 도시락

menu

- 해산물 탕수 볶음면
- 아닌 두부

●해산물 탕수 볶음면

[재료]

- 찐 중화면 1/2봉지
- 해산물 모듬(냉동) 30g
- 표고버섯 1개 • 죽순 10g
- 양배추 1/2장 • 당근 10g
- 피망 1/2개
- 중국요리 탕수물 원료 1t
- 소금, 녹말가루, 식용유 각각 조금

[만드는 법]

❶ 면은 가열한 프라이팬에 물을 조금씩 뿌리면서 풀어주듯이 볶아 도시락통에 채워 넣습니다.

❷ 프라이팬을 가열하고 식용유를 둘러 냉동된 해산물을 볶고 야채를 넣어 함께 볶습니다.

❸ 조미료를 넣고 물에 푼 녹말가루를 넣어 걸쭉해지면 면에 뿌립니다.

원 포인트

도시락통 부피가 늘어나겠지만 면과 탕수를 따로따로 가져가게 하면 좋습니다.

●안닌 두부

(만드는 법 77쪽)

이정도면 안심! 여름 도시락

장마철처럼 습도가 높은 계절의 도시락은 상하기 쉽습니다. 생 재료는 피하고 고온으로 조리한 튀김이나 냉동식품 등을 잘 이용합니다. 살균효과가 있는 매실 장아찌 등을 이용해도 좋습니다.

menu

- 라이스 고로케
- 키슈
- 홍피망 소테
- 오이 샐러드

15

●라이스 고로케
[재료]
- 한 공기 분량의 밥, 카레 3T,
- 밀가루, 계란, 빵가루 각각 조금

●키슈
(만드는 법 71쪽)

●홍피망 소테
(만드는 법 69쪽)

●오이 샐러드
틀에 찍어낸 오이를 드레싱에 무칩니다.

원 포인트
튀김요리는 고온에서 속까지 잘 익혔기 때문에 장마철 도시락으로 좋아요!

라이스 고로케 도시락

라이스 고로케 만드는 법

1 밥에 카레를 뿌려 잘 섞습니다. 카레는 전날 만들어 둡시다.

2 랩 채로 둥글게 볼 상태로 주먹밥을 만듭니다.

3 따뜻할 때 밀가루, 계란물, 빵가루 순으로 묻힙니다.

4 중간 온도(170도)의 기름으로 바삭하게 튀깁니다.

●모듬 튀김 덮밥

[재료]
- 껍질 벗긴 새우 30g
- 파드득나물 약간
- 튀김가루, 국수장국 약간씩

[만드는 법]

❶ 껍질 벗긴 새우는 등 내장을 빼내 물기를 털어낸다.
❷ 파드득나물을 한 잎 크기로 자릅니다.
❸ 튀김가루와 물을 동일량으로 맞춘 튀김옷에 새우와 나물을 넣고 중불로 기름에 튀깁니다.
❹ 밥을 채우고 위에 국수장국에 담갔던 모듬 튀김을 올리면 완성.

●치쿠젠니
(만드는 법 75쪽)

●깍지콩
냉동식품을 해동하여 채웁니다.

원 포인트
아이들이 좋아하는 소시지나 어묵에 싫어하는 야채들을 섞어 모듬튀김으로 만들어 봅시다.

모듬 튀김 덮밥 도시락

menu
- 모듬 튀김 덮밥
- 깍지콩
- 방울 토마토
- 요구르트 볼

매실 밥 도시락

menu
- 매실 밥
- 단호박 검은깨 볼
- 아스파라거스와 비엔나 꼬치
- 방울 토마토
- 젤리
- 통조림 귤

●매실 밥

[재료]
- 한 공기 분량의 밥
- 잔멸치가 들어간 해초 맛가루
- 산앵두 적당량

[만드는 법]

❶ 밥에 맛가루를 섞어서 도시락통에 채웁니다.
❷ 위에 산앵두를 깎아서 꽃 모양을 만듭니다.

●단호박 검은깨 볼
(만드는 법 75쪽)

●아스파라거스와 비엔나 꼬치
아스파라거스는 가는 것을 골라 비엔나와 길이를 맞춰 자릅니다. 프라이팬에 기름을 두르고 볶아 소금, 간장으로 간을 하여 꼬치에 꽂습니다.

원 포인트
매실 밥을 주먹밥으로 만들면 야외 도시락으로도 좋습니다.

menu

- 구운 주먹밥
- 오징어링 튀김
- 그라탕
- 고구마 맛탕
- 귤

15

원 포인트

얼은 채로 가져 갈 수 있는 냉동 귤은 보냉제 역할을 합니다.

구운 주먹밥 도시락

●구운 주먹밥

밥 한그릇에 간장 2t를 섞어 삼각형 주먹밥을 만듭니다. 데프론 프라이팬에 중불로 양면을 굽습니다.

●오징어링 튀김

57쪽의 새우를 오징어링으로 바꿔서 만듭니다.

●그라탕

(만드는 법 50쪽)

●고구마 맛탕

(만드는 법 76쪽)

※ 위 도시락은 모두 냉동식품을 사용해 만들 수 있지만 냉동식품이 아닌 경우는 앞의 다른 만드는 방법을 참고해 주십시오.

냉동식품으로 만드는 도시락

51, 52쪽은 모두 냉동식품으로 채운 도시락의 예입니다. 위생적으로 만들어진 냉동식품은 무더운 여름날에 추천합니다.

오므라이스 도시락

menu

- 오므라이스
- 샤오마이 튀김
- 깍지콩
- 젤리

●오므라이스

(만드는 법 18쪽)

도시락통에 오므라이스를 넣고 십자 모양으로 칼자국을 냅니다. 케찹은 별도의 용기에 넣어 가져가게 합니다.

●샤오마이 튀김

시판되는 샤오마이를 그대로 튀겨 채웁니다.

●젤리

냉동된 젤리를 가져가도 좋습니다.

원 포인트

냉동식품을 익혀서 채워 넣습니다. 젤리는 전날에 냉동실에 넣어 얼려 두면 시원하게 먹을 수 있습니다.

팥찰밥 도시락

●팥찰밥

[재료]

- 찹쌀 3컵 • 팥 $^{1}/_{2}$ 컵
- 깨소금 약간

[만드는 법]

1. 찹쌀은 씻어서 30분 정도 물에 담가 두고, 팥은 씻어서 물에 삶습니다.
2. 한 번 삶은 다음 그 물을 따라 버리고 물을 바꿔 10분 정도 끓여 체에 붓고 삶은 물은 버리지 말고 놔 둡니다.
3. 찹쌀을 체에 부어 강두와 함께 밥솥에 넣고 팥 삶은 물을 2.5컵 넣습니다.
4. 밥을 짓고 완성되면 검은깨를 뿌립니다.

●연근 튀김

연근은 씻어서 5mm 두께로 둥글게 썰어 녹말가루를 묻힙니다. 사이에 갈은 고기 30g, 잘게 썬 파 1T, 소금 약간을 섞은 내용물을 끼워서 녹말과 물 1:1, 약간의 파래김을 섞은 튀김옷을 묻혀 중불에 튀깁니다.

●줄콩 깨무침

(만드는 법 66쪽)

menu

- 팥찰밥
- 연근 튀김
- 줄콩 깨무침
- 딸기 우무

●딸기 우무

우유 우무(만드는 법 76쪽) 딸기 우유로 대신해서 만들고 굳으면 딸기잼을 올립니다.

원 포인트

냉동 혹은 레토르트 팥찰밥은 데워서 채우고 확실히 식고 나서 뚜껑을 닫도록 합니다.

따끈따끈 따뜻해! 겨울 도시락

유치원에 따라서는 겨울이 되면 도시락을 데워 주기도 합니다. 데우면 더 맛있는 도시락을 만들어 봅시다. 알루미늄 소재의 용기에 넣어 줍니다.

menu

- 마카로니 그라탕
- 딸기와 바나나
- 커스타드

15

원 포인트

전날 그라탕의 재료를 미리 준비해 두면 아침에 빨리 만들 수 있습니다.

그라탕 도시락

●마카로니 그라탕

[재료] • 마카로니 20g • 양파 $^{1}/_{4}$개 • 껍질 벗긴 새우 20g, • 베이컨 2장 • 브로콜리 2개 • 식용유, 가루치즈 각 약간씩, • 화이트 소스(우유 $^{1}/_{2}$ 컵, 밀가루 2T, 버터 1T, 콘소메 스프맛 조미료, 소금, 후추 각 약간씩)

●딸기 바나나 커스타드

(커스타드 크림 만드는 법 77쪽)

[만드는 법] ❶ 마카로니는 끓는 물에 소금을 약간 넣고 삶은 다음 브로콜리를 넣습니다.

❷ 양파와 베이컨은 채 썰고 등내장을 빼내고 껍질을 벗깁니다. 새우는 볶아 두었던 화이트 소스 안에 삶은 마카로니, 볶은 양파와 새우를 넣고 잘 섞습니다.

❸ 알루미늄 도시락통 안쪽에 얇게 버터를 발라 재료를 넣고 가루 치즈를 약간 뿌린 다음 오븐 토스터에 10분 굽습니다.

화이트 소스 만드는 법

내열 그릇에 우유를 넣고, 밀가루를 체 쳐서 넣은 다음 랩을 씌워 전자레인지에 3분간 가열합니다.

랩을 벗겨 거품기로 재빠르게 섞습니다.

②에 다른 재료를 넣고 다시 섞습니다.

다시 한번 랩을 씌워 전자레인지로 2분 정도 가열합니다. 바로 꺼내서 멍울지지 않도록 재빠르게 섞습니다.

menu

- 카레 밥
- 미역과 오이 초 무침
- 방울 토마토

●카레 밥

[재료]

전날 만든 카레를 다시 데워서 만듭니다.

- 한 공기 분량의 밥
- 햄 1장, 메추리알 카레 조림 1개(만드는 법 71쪽)
- 비엔나 소세지 1개

[만드는 법]

❶ 도시락통에 반 정도 양의 밥을 얇게 채우고 데운 카레를 뿌려 또 밥을 포갭니다.

❷ 위에 햄과 비엔나 소세지, 메추리알로 얼굴을 그립니다.

●미역과 오이 초 무침

(만드는 법 66쪽)

원 포인트

카레가 밥에 끼워져 있기 때문에 쉽게 흘리지 않겠지만, 흘러 나오지 않도록 주의해서 들게 합니다.

카레 도시락

계란 튀김 덮밥 도시락

menu

- 치즈 어묵 김말이
- 방울 토마토

●계란 튀김 덮밥

[재료]

- 어묵 튀김 • 양파 1/4개,
- 오징어 튀김
- 국수장국 1/2컵 • 계란 1개

[만드는 법]

❶ 냄비에 국수장국과 채 썬 양파를 넣고 가열합니다.

❷ 데운 튀김을 한입 크기로 잘라 냄비에 넣고 푼 계란로 덮습니다.

❸ 도시락통에 채운 밥 위에 올립니다.

●치즈 어묵 김말이

(만드는 법 74쪽)

원 포인트

덮밥 도시락은 디저트나 반찬을 별도 용기에 넣어서 가져가게 합니다.

원 포인트

돈까스는 전날 남은 것을 사용합니다. 새우튀김이나 프라이드 치킨도 맛있습니다.

menu

- 돈까스 덮밥
- 미역 멸치 볶음
- 토끼 사과

●**돈까스 덮밥**
(만드는 법은 아래 참조)
●**미역 멸치 볶음**
(만드는 법 75쪽)
●**토끼 사과**
(만드는 법 65쪽)

돈까스 덮밥 도시락

●돈까스 조림

[재료]
- 양파 1/4개,
- 돈까스 1/2장
- 계란 1개,
- 조미액(간장 1T, 설탕, 맛술 각 1t, 멸치 국물 3T),
- 완두콩 약간

[완성]
도시락통에 밥을 채우고 돈까스를 올려 완두콩으로 장식합니다.

돈까스 조림 만드는 법

1

조미액을 펄펄 끓여 얇게 자른 양파를 넣습니다.

2

1cm 정도 폭으로 자른 돈까스를 넣고 맛이 스며들 때까지 익힙니다.

3

푼 계란을 붓고 약한불에 뚜껑을 닫아 계란이 완전히 익으면 완성.

menu

- 중국식 덮밥
- 안닌 두부

●중국식 덮밥

[재료]

• 돼지고기 10g • 씨푸드 믹스(냉동) 20g • 목이버섯 1장 • 양파, 당근 죽순 각 약간씩 • 배추 1/3장 풋완두콩 약간 • 중국식 수프 1t • 소금, 간장 각 약간 • 녹말가루 1t, • 물 4T • 식용유 약간

[만드는 법]

❶ 한 공기 분량의 밥을 도시락 통에 채워 넣습니다.

❷ 달군 프라이팬에 식용유를 둘러 돼지고기와 씨푸드 믹스를 볶고, 한입 크기로 썬 야채를 넣어 함께 볶습니다.

❸ 조미료를 넣고 다 익으면 물에 푼 녹말가루로 걸쭉하게 만들어 밥 위에 뿌립니다.

●안닌 두부

(만드는 법 77쪽)

중화덮밥 도시락

원 포인트

반드시 숟가락을 가져가게 합시다. 소스를 약간 되게 하면 잘 흘리지 않게 됩니다.

중국식 만두 도시락

menu

- 중국식 만두
- 게 야채 계란 부침
- 데친 브로콜리 · 딸기

●중국식 만두

유치원에서 도시락을 데워 줄 경우, 중국식 만두 밑에 삶은 양배추나 배추잎을 깔아 두면 아랫부분이 타지 않습니다.

●게 야채 계란 부침

(만드는 법 23쪽)

원 포인트

시판되는 중국식 만두를 표시 시간에 주의하여 찜기로 데워서 가져가게 합니다.

맘에 쏙 드는 기본 반찬 도시락

햄버거, 튀김, 새우튀김에 계란구이!
아이들이 언제나 먹고 싶어하는 반찬입니다. 소재를 다양하게 활용하여 메뉴의 폭을 넓혀 봅시다.

menu

- 틀에 찍어낸 주먹밥
- 햄버거
- 마카로니 샐러드
- 삶은 브로콜리
- 방울 토마토
- 딸기
- 치즈 케익

15

원 포인트

햄버거의 재료에 잘게 썬 양파 등을 섞고 빵가루를 입혀 튀기면 커틀렛이 됩니다.

햄버거 도시락

●햄버거

[재료]

간 소고기 300g, 양파 $^1/_2$개, 당근 $^1/_2$개, 빵가루 $^1/_2$컵, 우유 $^1/_4$컵, 계란 1개, 소금 $^1/_2$t, 후추 약간

●마카로니 샐러드

(만드는 법 72쪽)

●치즈 케익

(만드는 법 76쪽)

햄버거 만드는 법

1 양파는 잘게 썰어서 접시에 펼쳐 랩을 씌워 2분간 가열하여 식힙니다.
빵가루는 우유에 담가서 불려 둡니다.

2 재료를 서로 섞어서 소금, 후추로 간을 맞춰서 잘 반죽합니다.

3 작은컵 크기의 햄버거를 만듭니다. (약 6개)
바로 사용할 경우에는 그대로 프라이팬에 굽습니다.

4 굳히려면 냉동용 밀폐형 비닐 팩에 넣어 보관합니다.

5 내용물의 크기를 소주잔 정도로 둥글게 하면 미니볼(고기 경단)이 됩니다.

미트 로프 도시락

menu

- 삼각 주먹밥
- 삶은 메추리알 넣은 미트 로프
- 유채와 게맛살 볶음
- 고구마 사과 조림

●삶은 메추리알 넣은 미트 로프

[재료]

- 햄버거 1개
- 삶은 메추리알 2개
- 케첩, 소스 각각 약간씩

[만드는 법]

❶ 햄버거를 $^1/_2$로 나눕니다.
❷ 녹말가루를 묻힌 삶은 메추리알을 한가운데에 넣고 형태를 정리하여 기름을 두른 프라이팬에 천천히 굽습니다.
❸ 케첩과 소스를 섞은 소스를 뿌리면 완성.

●유채와 게맛살 볶음

(만드는 법 66쪽)

●고구마 사과 조림

(만드는 법 70쪽)

원 포인트

메추리알이 가운데에 오도록 만듭니다.

고기 경단 도시락

menu

- 맛가루 뿌린 밥 (햄, 치즈 올려진)
- 고기 경단
- 야채 에그
- 고구마 맛탕
- 젤리

●고기 경단

[재료] (고기 경단 36개 분)

- 쇠고기, 돼지고기를 섞어 간 고기 400g
- 계란 1개
- 녹말 1T
- 소금 $^1/_2$t
- 후추 약간

[만드는 법]

❶ 54쪽의 햄버거 만드는 법을 참고로 재료를 섞어 찰기가 생길 때까지 잘 반죽합니다.
❷ 한입 크기로 경단을 둥글게 말아, 녹말가루를 묻혀 170도의 기름에 튀깁니다.
❸ 만들어 둔 소스를 고루 묻히면 완성됩니다.

[소스 만드는 법]

- 고기 경단 5개 분의 소스

간장, 설탕 각 1T, 맛술 $^1/_2$T를 조립니다.

●고구마 맛탕

(만드는 법 76쪽)

원 포인트

고기 경단은 예쁜 꼬치 등을 사용해서 먹기 쉽고 보기 좋게 해 줍니다.

원 포인트

기름기가 많기 때문에 뒷맛이 개운한 생야채를 같이 넣어 줍니다.

20

●김 도시락

밥을 채우고 맛가루를 전체에 뿌린 후 틀에 찍어 낸 김을 올립니다.

●닭고기 튀김

[재료]

- 닭고기 허벅지살 300g
- 청주, 간장, 각 2T
- 밀가루, 튀김기름 적당량
- 생강국물 약간

●토마토 오이 꼬치

(만드는 법 69쪽)

●토끼 사과

(만드는 법 65쪽)

menu

- 김 도시락
- 닭고기 튀김
- 토마토와 오이 꼬치
- 토끼 사과

닭고기 튀김 도시락

닭고기 튀김 만드는 법

1

닭고기 허벅지살은 필요없는 기름을 제거하고 한입 크기로 자릅니다.

2

고기, 조미료를 비닐봉지에 넣고 가볍게 주물러, 10분 정도 두어 맛이 배어 들게 합니다.

3

물기를 키친타올 등으로 닦고 밀가루를 전체에 묻힙니다.

4

170~180도의 기름에 바삭하게 튀깁니다.

새우 튀김 도시락

menu

- 새우 튀김
- 녹미채
- 야채 계란 구이
- 딸기
- 그림 밥

●간단 새우 튀김

[재료]

- 새우 3마리
- 밀가루, 마요네즈 각 1T
- 빵가루 2T
- 파슬리 채썬 것 적당량

●새우 튀김

[재료]

- 새우 3마리
- 밀가루 1T
- 푼 계란 $1/2$개
- 빵가루 2T
- 튀김용 기름 적당량

※ 도시락에는 간단 새우 튀김이 들어가 있습니다.

●녹미채

(만드는 법 74쪽)

●야채 계란말이

(만드는 법 61쪽)

●그림 밥

자동차 모양 사이에 칸막이로 밥을 채우고 어묵으로 타이어, 햄으로 창을 그립니다. 타이어 윗쪽에 맛가루를 올립니다.

원 포인트

새우 튀김에는 우스터 소스를 용기에 넣거나 채 썬 야채를 넣은 타르타르 소스를 추천합니다.

간단 새우튀김 만드는 법

1. 마요네즈와 밀가루를 1 : 1로 잘 섞습니다.

2. 미리 준비해 둔 새우를 고루 묻힙니다.

3. 채 썬 파슬리를 넣은 빵가루를 바릅니다.

4. 알루미늄 호일을 깔고 오븐 토스터로 한 쪽에 4분씩 굽습니다.

새우튀김 만드는 법

1. 새우는 껍질을 벗기고 등 내장을 제거해 물기를 빼고 밀가루를 묻힙니다.

2. 계란 푼 물에 담급니다.

3. 빵가루를 묻혀 중불로 기름에 엷은 갈색이 될 때까지 튀깁니다.

야채 고기 말이

쇠고기

[재료]

- 얇게 저민 쇠고기
- 줄콩
- 당근
- 돼지고기

돼지고기

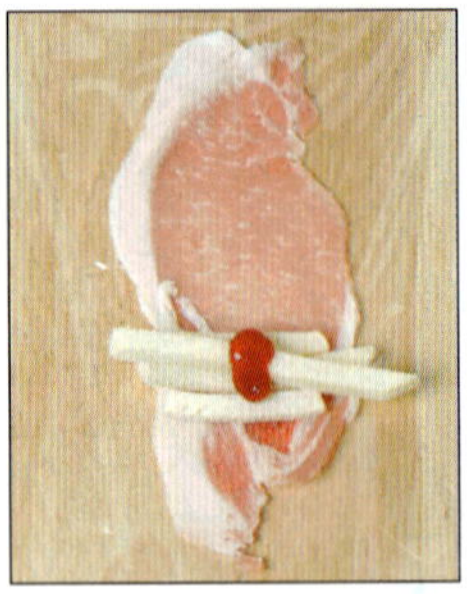

[재료]

- 얇게 저민 돼지고기
- 감자
- 케첩
- 닭고기

닭고기

[재료]

- 닭고기 가슴살 (두꺼운 부분을 칼로 잘라 얇게 만든다.)
- 차조기 잎
- 간 매실

야채말이 도시락

원 포인트

쇠고기는 익으면 색깔이 검어지기 때문에 색이 예쁜 야채를 말거나, 배색이 좋은 야채 등을 곁들이면 보기가 좋습니다.

menu

- 틀에 찍어낸 주먹밥
- 양파 볶음 말이
- 데친 아스파라거스
- 방울 토마토 꼬치
- 고구마 케익
- 딸기

●양파 볶음 말이

[재료]

- 쇠고기 얇게 썬 것 2장
- 양파 $^{1}/_{4}$개
- 간장, 맛술 각 약간씩

[만드는 법]

❶ 양파는 채 썰어서 볶아 둡니다.

❷ 펼친 고기에 소금 후추를 뿌려 앞부분에 양파를 놓고 말아 갑니다.

❸ 녹말가루로 마지막 부분을 고정시켜 프라이팬으로 굽습니다.

●고구마 케익

(만드는 법 76 쪽)

menu

- 팽이버섯 고기 말이
- 감자 샐러드
- 방울 토마토
- 요구르트 볼
- 맛가루를 뿌린 밥

팽이버섯 고기 말이 도시락

●팽이버섯 고기 말이

[재료]

- 돼지고기(로스) 얇게 썬 것
- 팽이버섯 20g
- 녹말가루, 간장, 청주 각각 약간씩

[만드는 법]

❶ 돼지고기를 펼쳐, 고기 폭 정도로 자른 팽이버섯을 앞쪽에 놓고 말아 갑니다.

❷ 녹말가루로 고정해 프라이팬에 구워 청주와 간장으로 간을 맞춥니다.

●감자 샐러드

(만드는 법 72쪽)

원 포인트

돼지고기에는 단맛이 잘 어울립니다. 마가린에 볶은 사과를 말아도 맛있습니다.

치즈 닭고기말이 도시락

●치즈 닭고기 말이

[재료]

- 다진 닭고기 100g
- 파 10cm, 메추리알 1개
- 된장 1T
- 생강, 청주, 녹말, 설탕 각각 약간
- 김 1/2장

[만드는 법]

❶ 다진 닭고기에 잘게 썬 파, 강판에 갈은 생강, 메추리알, 조미료, 설탕, 청주, 녹말을 넣어 찰기질 때까지 잘 섞습니다.

❷ 반으로 자른 김에 내용물을 평평하게 펼쳐, 치즈를 올리고 말아 프라이팬에 기름을 둘러 굴리면서 굽다가, 뚜껑을 닫아 불을 약하게 하고 안쪽까지 확실히 익힙니다.

❸ 식으면 먹기 쉬운 크기로 자릅니다.

●케첩 마카로니

(만드는 법 68쪽)

●맛가루 섞은 꽃밥

❶ 한 공기 분량의 밥에 맛가루 2T를 섞어 도시락통에 채웁니다.

❷ 치즈 어묵, 완두콩, 삶은 완두 꼬투리로 꽃을 만듭니다.

원 포인트

닭고기는 담백해서 튀김옷을 입혀 튀기는 방법도 좋습니다.

menu

- 치즈 닭고기 말이구이
- 케찹 마카로니
- 맛가루 섞은 꽃밥
- 딸기

menu
- 소보로 밥
- 당근 무침
- 컬리플라워 카레
- 치즈볼
- 콩(통조림)

●**소보로 밥**
도시락을 채운 밥 위에 4 종류의 소보로를 올려 게맛살로 경계를 나눕니다.
●**당근 무침**
(만드는 법 68쪽)
●**컬리플라워 카레**
(만드는 법 70쪽)

15

원 포인트
젓가락으로는 먹기 힘들기 때문에 숟가락을 가져가게 합니다.

소보로 도시락

고기 소보로 만드는 법 [재료] 다진 쇠고기 100g, 간장 1.5T, 청주, 설탕 각 1T

1 
2 
3 

요리용 긴 젓가락을 몇 개 가지고 조미료를 조려 다진 고기를 넣고 젓가락으로 섞으면서 국물기가 없어질 때까지 바짝 조립니다. 국물기가 없어지면 완성입니다.

계란 소보로 만드는 법 [재료] 계란 2개, 설탕 1T

1 
계란 2개를 냄비에 깨 넣고 설탕 1T을 넣습니다.

2 
젓가락으로 섞으면서 약한 불에 가열해 갑니다.

3 
작고 익은 계란 상태가 되면 완성.

연어 소보로 만드는 법

소금 간한 연어를 구워 껍질, 뼈를 빼고 잘게 풉니다.

가리비 소보로 만드는 법

작은 가리비를 청주, 간장, 설탕으로 졸여서 둘레 부분은 잘게 자르고, 관자는 잘게 찢습니다.

계란말이를 응용한

야채 계란말이

야채를 섞어 계란 말이를 만듭니다.

하트 모양 계란말이

계린말이를 1~2cm 두께로 자르고 비스듬하게 나눠 잘라, 한쪽을 뒤집어 자른 단면을 붙여 하트 형태로 만듭니다.

게맛살 계란말이

게맛살 두 개를 가운데에 넣고 계란말이를 만듭니다.

계란 말이 만드는 법

계란 2개를 깨 넣어 풀고 소금 약간과 설탕 1T으로 간을 맞춥니다.

충분히 뜨거워진 계란말이용 프라이팬에 식용유를 둘러 ①의 반 분량을 붓고 표면이 반숙상태가 되면 앞쪽부터 3번 접듯이 맙니다.

접고 나면 반대편으로 밀어 놓고 계란물 남은 것을 균일하게 부어 넣고 ②와 동일하게 앞쪽부터 말면서 익힙니다.

돌돌 마는 것이 서투른 사람을 위한 방법

간을 맞춰 둔 계란물을 반숙, 스크램블 에그처럼 익힙니다.

익으면 프라이팬 구석에 모아 형태를 다듬어 표면에 눌은 자국을 만듭니다.

깨끗한 형태가 안 될 때에는 뜨거울 때 랩으로 싸서 형태를 만들면 깨끗한 계란 말이가 됩니다.

도시락의 포인트

잘라 만든 귀여운 장식 카탈로그

**약간의 노력만으로도 도시락이 한층 예뻐집니다.
공간을 메우거나, 배색이 필요할 때 한번 해보세요.**

메추리알 | 계란 | 비엔나 소시지 | 어묵 | 야채 | 사과

메추리알

● **병아리**

❶ 앞이 뾰족한 칼로 삶은 메추리알 흰자만 톱니처럼 칼집을 넣습니다.

❷ 위 부분의 흰자를 벗겨내고 노른자에 검은깨 눈, 당근 부리를 붙입니다.

● **아기돼지**
삶은 메추리알을 황색 식용 색소로 물들여 검은깨 눈, 당근 코와 귀, 스낵면 꼬리를 붙입니다.

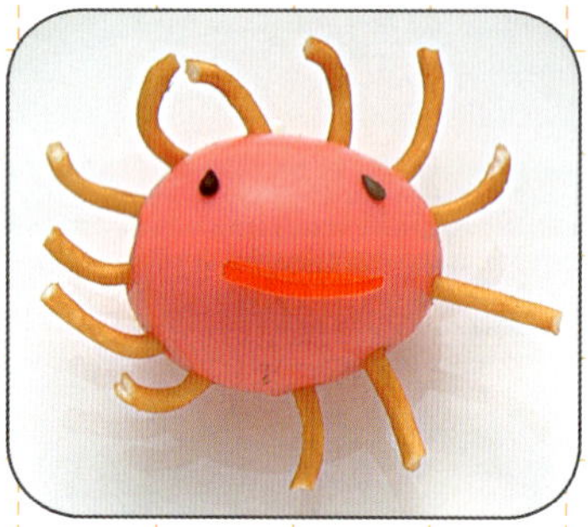

● **햇님**
삶은 메추리알을 핑크색 식용 색소으로 물들여 검은깨 눈, 빨강 피망 입을 붙이고 가장자리에 얇은 스낵을 꽂습니다.

● **오뚝이**
삶은 메추리알을 핑크색 식용 색소로 물들이고 칼로 깍아서 얼굴과 몸통에 하얀 면을 내고 검은 깨 눈썹과 눈을 붙입니다.

● **채소**
삶은 메추리알을 핑크색 식용 색소로 물들이고 두 개로 갈라진 파슬리 줄기를 꽂습니다.

※ 계란에 색 들이는 법은 20쪽을 참고해 주십시오.

계란

● **너구리**
삶은 계란을 간장으로 갈색물을 들이고 소시지 귀, 치즈에 검은깨를 얹은 눈, 김 코, 미니 비엔나로 꼬리를 붙입니다.

● **산토끼**
삶은 계란을 간장으로 갈색물을 들이고 당근 귀와 눈, 김 코를 붙입니다.

● **예쁜 노른자 계란 프라이**
5㎜두께의 피망을 둥글게 자른 것을 프라이팬에 올리고 메추리알 노른자와 흰자를 약간 깨 넣고 노른자를 터트리지 않고 익힙니다.

비엔나 소시지

● 문어

빨간 비엔나 소시지의 한쪽 끝을 칼로 8등분하고 프라이팬에 볶습니다. 검은 깨 눈, 김 머리띠를 붙입니다.

● 게

빨간 비엔나 소시지를 세로로 반으로 자릅니다. 다리 용으로 양끝에 3곳씩과 눈 위치에 작은 칼집을 넣습니다. 프라이팬에 순식간에 볶아 검은깨 눈을 붙입니다.

● 꽃

앞이 뾰족한 식칼이나 나이프로 비엔나 소시지에 톱니모양의 칼집을 넣고 떼어내서 중심에 케찹으로 장식합니다. 안정되도록 아래는 평평하게 자릅니다.

● 장수풍뎅이

약간 짧고 둥근 모양의 비엔나 소시지를 동체로 하여 T자로 칼집을 넣습니다. 약간 작은 비엔나 소시지로 뿔을 만들고 스낵면으로 연결시킵니다. 검은 깨 눈, 스낵면 다리를 붙입니다.

● 사슴벌레

비엔나 소시지를 동체로 하여 T자 칼집을 넣습니다. 약간 가는 비엔나 소시지를 톱니 모양으로 잘라 나눠서 두 개의 뿔을 만들고 스낵면으로 연결합니다. 검은깨 눈, 스낵면 다리를 붙입니다.

● 해바라기

비엔나 소시지를 세로로 반으로 잘라 떨어지지 않도록 5mm폭의 칼집을 넣습니다. 바퀴가 되도록 끄트머리를 이쑤시개로 고정시켜 프라이팬에 놓고 한가운데에 메추리알의 노른자만 떨어뜨립니다. 뚜껑을 덮고 약한불에 타지 않도록 주의하면서 익힙니다.

어묵

❶

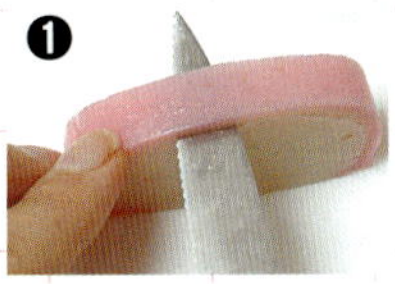

❷

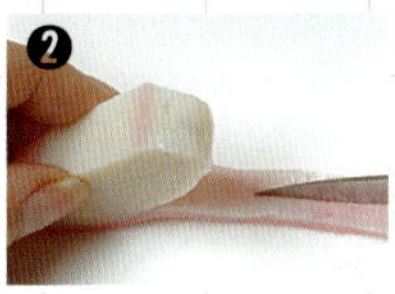

● 토끼

❶ 어묵은 1cm 폭으로 자르고 윗면 핑크부분을 2~3mm 두께로 벗기듯이 끄트머리부터 $^2/_3$ 위치까지 칼집을 넣습니다.

❷ 어묵의 상하를 뒤집어 핑크부분을 끝에서 세로로 반 정도 자르고 상하를 되돌려 귀가 되도록 안 쪽으로 접어 넣습니다.

❸ 검은깨 눈을 붙입니다.

● 말고삐

토끼의 ❶ 뒤에 상하를 뒤집어 핑크부분의 중간에 세로로 칼집을 넣고 끝을 한 번 빠져가게 해서 비틉니다.

● 나비

어묵은 1cm 폭으로 자르고 핑크 면을 작게 삼각형으로 잘라내, 좌우로 갈라서 엽니다. 치즈에 김 눈, 삶은 그린 빈으로 더듬이와 몸통, 무늬를 만듭니다.

붉은 순무 플라워

위에 십자모양 칼집을 넣고, 사방을 조금씩 깍아서 2개씩 칼집을 넣어 소금물에 담가 꽃잎이 펼쳐지게 합니다.

붉은 순무 버섯

붉은 부분을 군데군데 잘라내서 무늬를 넣고 아래는 삶은 메추리알 위의 평평하게 자른 곳에 올립니다.

시계

얇고 둥글게 썬 것에 검은 깨로 시각을 새기고 파슬리 줄기로 바늘을 올립니다.

무당벌레

방울 토마토 몸체에 치즈 볼을 잘라 만든 머리를 붙인다. 검은깨 눈, 펀치로 찍어낸 김을 무늬로 붙여 스낵 면 다리를 꽂습니다.

피망 컵

피망은 아래 부분이 안정감 있는 것을 골라 반으로 잘라 안의 씨를 꺼내 컵으로 만들고 포테이토 샐러드 등을 채웁니다.

매실 오이

앞이 뾰족한 칼로 오이의 중심까지 톱니 모양으로 칼집을 넣고 떼어내 중심에 씨를 뺀 매실짱아찌 페이스트를 얹습니다.

❶ 앞이 뾰족한 칼이나 식칼로 오이 중심까지 톱니 모양으로 칼집을 넣습니다.

❷ 양 끝을 쥐고 조용히 두개로 떼어내 중심에 씨를 뺀 매실 장아찌를 올립니다.

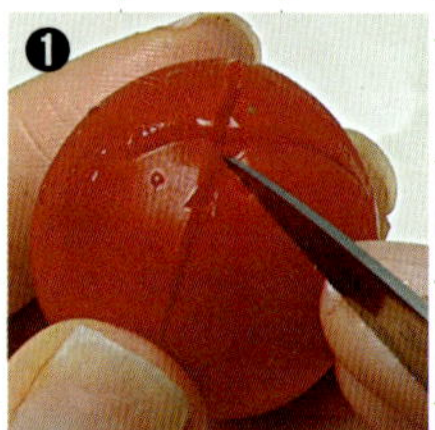

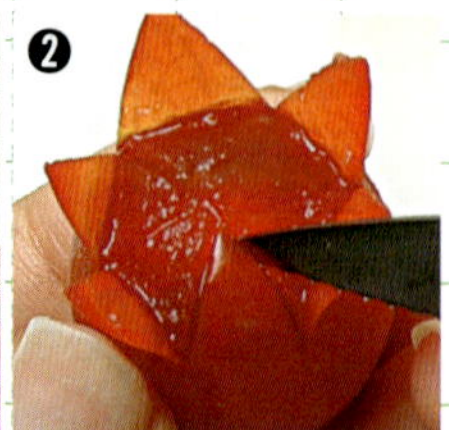

방울 토마토 플라워

❶ 방울 토마토 껍질에 방사 상태로 3개 칼집을 넣습니다.

❷ 껍질을 반 정도까지 벗기고 바깥 방향으로 펼쳐, 중심에 옥수수(콘)을 올립니다.

괴물 브로콜리

소금을 넣고 삶은 브로콜리에다가 슬라이스 치즈에 김을 올린 눈을 마요네즈로 붙입니다.

컬리플라워 양

컬리플라워는 푹신푹신한 곳을 골라 작게 나눠 소금을 넣고 삶습니다. 삶아서 껍질을 벗긴 새우 귀와 당근 얼굴, 검은 깨 눈, 스낵 다리를 붙입니다.

● 나뭇잎 사과

8등분하여 심을 잘라 냅니다. 사과 모양에 따라 칼집을 넣고 반대쪽을 잘라 냅니다.

안 쪽을 같은 형태로 잘라 냅니다.

마지막에는 중앙을 작은 나뭇잎 형태로 잘라 냅니다.

소금물에 담가 변색을 막습니다.

● 토끼 사과

Start!

8등분하여 심을 잘라 냅니다.

V자가 되도록 칼집을 넣습니다.

칼집 위치까지 껍질을 벗깁니다.

소금물에 담가 변색을 막습니다.

● 아기 토끼 사과

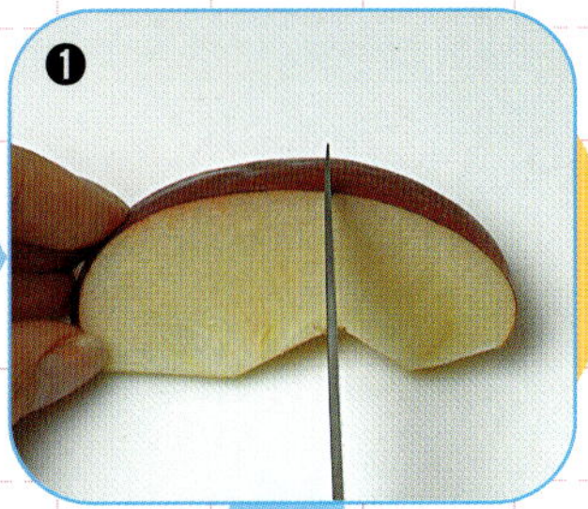
반으로 자릅니다.

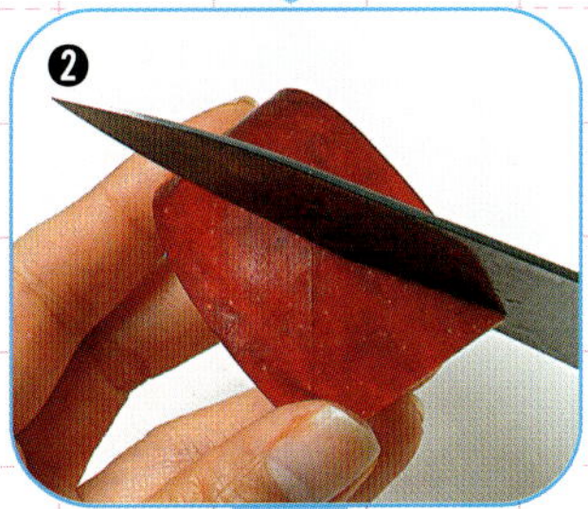
자른 단면에서부터 V자가 되도록 칼집을 넣습니다.

칼집 위치까지 껍질을 벗깁니다.

소금물에 담가 변색을 막습니다.

● 튤립 사과

반으로 자릅니다. 자른 단면부터 꽃 형태의 톱니 모양으로 칼집을 넣습니다.

칼집 위치까지 껍질을 벗깁니다.

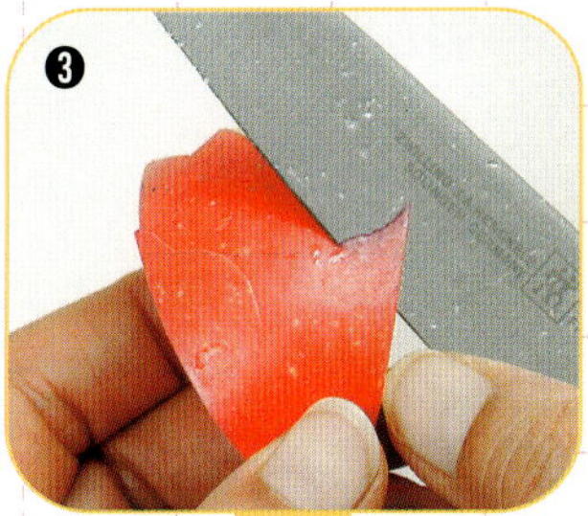
입 모양으로 곡선을 그리면서 칼집을 넣습니다.

소금물에 담가 변색을 막습니다.

줄콩 깨무침

[재료]
줄콩 20g, 볶은 깨 1T, 간장 1t, 설탕 1t, 화학 조미료 약간

[만드는 법]
❶ 끓는 물에 소금 약간을 넣고 심을 떼어낸 줄콩 꼬투리를 재빨리 삶습니다.
❷ 다 삶아지면 체에 옮겨 차가운 물을 부어 식히고 물기를 제거하고 비스듬하게 같은 길이로 자릅니다.
❸ 볶은 깨, 간장, 설탕, 화학 조미료를 넣어 간을 맞춥니다.

시금치 검은깨 무침

[재료]
시금치 2포기(50g), 간 검은깨 2t, 간장, 설탕 각 $^{1}/_{2}$t, 소금 약간

[만드는 법]
❶ 시금치는 소금을 약간 넣은 끓는 물에 재빨리 삶아 찬물로 식힌 다음 물기를 짜서 2cm 길이로 자릅니다.
❷ 간 검은깨, 간장, 설탕을 섞은 양념에 시금치를 넣고 무칩니다.

아스파라거스 베이컨 말이

[재료]
아스파라거스 1개, 베이컨 1장, 청주 $^{1}/_{2}$t, 소금, 식용유 각각 약간씩

[만드는 법]
❶ 아스파라거스를 4등분하여 각각을 종횡 반으로 자른 베이컨으로 말아, 이쑤시개로 고정합니다.
❷ 식용유를 프라이팬에 두르고 ①을 굴리면서 익힙니다.
❸ 청주와 소금을 뿌려 간을 맞추고 장식 꼬치를 꽂으면 완성.

유채와 게맛살 볶음

[재료]
유채 1포기, 게맛살 2개, 참기름 $^{1}/_{2}$t, 소금, 조미료 각각 약간씩

[만드는 법]
❶ 유채 1포기를 깨끗이 씻어 젖은 채로 비닐봉지에 넣고 전자레인지로 30초 가열합니다.
❷ 가열 후, 바로 찬물에 넣어 식히고 꼭 짜서 썩둑 썰기를 해 둡니다.
❸ 게맛살은 반으로 잘라 풀어 둡니다.
❹ 달군 프라이팬에 참기름, 유채, 게맛살을 넣어 살짝 볶고 소금, 조미료로 간을 맞춥니다.

시금치 치즈 무침

[재료]
슬라이스 치즈 1장, 시금치 1포기, 소금, 버터 각각 조금씩

[만드는 법]
❶ 시금치 1포기를 깨끗이 씻어 젖은 채로 비닐봉지에 넣고 전자레인지로 30초간 가열합니다.
❷ 가열 후, 바로 냉수에 넣어 식히고 꼭 짜서 썩둑 썰기 해 둡니다.
❸ 달군 프라이팬에 버터를 넣고 시금치를 넣어 볶습니다.
❹ 소금 약간으로 간을 맞추고 치즈를 찢어 넣은 다음 한 번 섞고 불을 끕니다.

미역과 오이 초 무침

[재료]
오이 $^{1}/_{2}$ 개, 건조 미역 10g, 맛식초(식초 1T, 설탕 1T, 소금 $^{1}/_{3}$t, 간장, 조미료 각각 약간씩)

[만드는 법]
❶ 미역은 물에 불려 짜고 뜨거운 물을 붓습니다. 색깔이 선명해지면 찬물로 식히고 짜서 썩둑 썰어 둡니다.
❷ 오이는 얇게 둥근 모양으로 잘라 가볍게 소금을 뿌려 짜 둡니다.
❸ 맛식초를 만들어 미역과 오이를 넣고 무칩니다.
❹ 잠시 놔 뒀다가 물기를 없애고 도시락 통에 넣습니다.

쇠고기 야채 볶음

[재료]
쇠고기 붉은살 30g, 피망 1개, 삶은 죽순 20g, 굴소스, 청주 각 1t, 간장 1/2t, 녹말가루 1t, 당근, 식용유 약간

[만드는 법]
❶ 쇠고기는 가늘게 썰어 녹말가루를 묻혀 두고, 피망과 삶은 죽순은 채 썹니다.
❷ 프라이팬에 식용유와 잘게 썬 당근을 넣어 볶다가 향기가 나기 시작하면 가늘게 썬 쇠고기를 볶고 일단 꺼냅니다.
❸ 그 프라이팬에 피망과 삶은 죽순을 볶아서 익으면 가늘게 썬 쇠고기를 다시 넣고 굴소스, 청주, 간장을 같이 넣어 골고루 볶습니다.

코울슬로

[재료]
양배추 1장, 오이 1/4개, 당근 약간, 프렌치 드레싱 1T, 마요네즈 1t, 소금 약간

[만드는 법]
❶ 양배추와 당근은 씻어서 채 썰고, 오이는 반달 모양으로 잘라 소금을 약간 뿌려 가볍게 주물러 꽉 짜 둡니다.
❷ 볼에 짠 양배추, 당근, 오이를 넣고 프렌치 드레싱과 마요네즈를 무칩니다.

※ 스위트콘을 넣을 경우에는 통조림의 국물을 떠내지 않도록 주의합니다. 냉동콘은 간이 맞춰져 있지 않기 때문에 소금, 버터를 넣고 볶으면 좋습니다.

머위 가다랭이포 데침

[재료]
머위 2개, 설탕 1T, 소금 1t, 간장 약간, 가다랑어포 1팩, 소금 약간

[만드는 법]
❶ 삶을 냄비의 크기에 맞춰서 자른 머위에 소금 약간을 뿌려 손으로 굴립니다.
❷ 냄비에 뜨거운 물을 끓이다가 소금이 묻은 머위를 넣고 2~3분 삶습니다.
❸ 색깔이 선명해지면 찬물로 식히고 껍질을 벗겨 4~5㎝ 길이로 자릅니다.
❹ 냄비에 물 200cc, 설탕, 소금을 넣고 막 삶은 머위를 넣어 다시 삶은 다음 간장 약간을 넣고, 가다랭이포 1팩을 넣어 불을 끄고 그대로 식힙니다.

브로콜리 소금 다시마 무침

[재료]
브로콜리 2송이, 소금 다시마 약간

[만드는 법]
❶ 끓는 물에 소금을 약간 넣고 작게 나눈 브로콜리를 삶습니다.
❷ 다 삶아지면 체에 담아 그대로 식힙니다.
❸ 잔열이 식으면 소금 다시마를 묻히고 맛이 배게 합니다.

시금치 팽이버섯 무침

[재료]
시금치 1포기, 팽이버섯 2t

[만드는 법]
❶ 시금치 한 포기를 깨끗이 씻어 젖은 채로 비닐봉지에 넣고 전자레인지로 30초 정도 가열합니다.
❷ 가열 후, 바로 찬물로 식혀 꼭 짜서 썩둑 썰기 해 둡니다.
❸ 시금치와 팽이버섯을 볼에 넣고 무칩니다.

오크라 가다랭이포 무침

[재료]
피망 2개, 간장 1/2t, 소금 약간, 가다랑어포 약간

[만드는 법]
❶ 소금 약간을 넣은 뜨거운 물에 오크라를 재빨리 삶습니다.
❷ 다 삶아지면 찬물로 식혀 수분을 없애고 작게 썰어 둡니다.
❸ 간장과 가다랭이포를 볼에 넣고 오크라를 넣어 무칩니다.

당근 글라세

[재료]
당근 1/4개, 설탕 1/2T, 버터 1t, 파슬리 약간.

[만드는 법]
❶ 당근은 껍질을 벗겨 세로로 4~6개씩 나눠 모서리를 깎아 작은 당근 모양으로 만듭니다.
❷ 작은 냄비에 당근을 넣고 끓여 펄펄 끓어 오르면 설탕, 버터를 넣고 약한불로 국물이 없어질 때까지 삶습니다.
❸ 다 삶기면 이쑤시개로 당근 윗부분에 구멍을 만들어 파슬리 잎을 꽂습니다.

※ 약간 두껍고 둥글게 잘라 귀여운 형태로 만들면 좋습니다.

당근 샐러드

[재료]
당근 1/4, 소금 약간, 건포도 2t, 프렌치 드레싱 1T, 벌꿀 약간.

[만드는 법]
❶ 당근은 채 썰어서 소금을 약간 뿌려 숨이 죽으면 짜 둡니다.
❷ 볼에 당근과 건포도를 넣고 프렌치 드레싱과 벌꿀로 무칩니다.
❸ 잠시 놔두어 물기를 짜서 도시락통에 넣습니다.

당근 무침

[재료]
당근 1/4 개, 참기름 1t, 설탕, 소금, 볶은 깨 각각 약간씩.

[만드는 법]
❶ 당근은 껍질을 벗겨 성냥개비 정도의 두께로 채 썹니다.
❷ 달군 프라이팬에 참기름을 넣고 당근을 볶아 설탕과 소금으로 간을 맞춥니다.
❸ 다 익으면 마무리로 볶은 깨를 뿌립니다.

※ 당근은 채 썰기 외에 둥글게 썰거나 예쁜 틀에 찍어내도 좋습니다.

명란젓 곤약 무침

[재료]
실곤약 50g, 명란젓 1/2개, 식용유 1t, 소금, 간장 각각 조금씩

[만드는 법]
❶ 명란젓은 껍질을 벗기고 풀어 둡니다.
❷ 곤약은 물에 씻어 칼로 7~8cm 길이로 잘라 둡니다.
❸ 달군 프라이팬에 식용유를 두르고 곤약을 넣고 소리가 날 때까지 볶습니다.
❹ 거기에 명란젓을 넣고 재빠르게 골고루 섞어 소금과 간장으로 간을 맞춥니다.

케첩 마카로니

[재료]
마카로니 20g, 홍피망 1/8개, 토마토 케첩 2T, 버터 1t, 소금 약간

[만드는 법]
❶ 마카로니는 소금을 약간 넣고 넉넉한 양의 뜨거운 물에 삶습니다.
❷ 홍피망은 잘게 썹니다.
❸ 달군 프라이팬에 버터를 녹여 홍피망을 넣고 볶습니다.
❹ 다 익으면 케첩과 마카로니를 넣고 같이 볶아 소금으로 간을 맞춥니다.

보리새우 튀김

[재료]
보리새우 2T, 밀가루(혹은 튀김가루) 2T, 물 1T, 식용유 적당량

[만드는 법]
❶ 밀가루와 물을 섞어서 튀김옷을 만들고 보리새우를 넣고 잘 섞습니다.
❷ 식용유를 넉넉히 넣고 가열한 프라이팬에 ①을 숟가락으로 한 번씩 떠서 넣습니다.
❸ 한쪽이 익으면 뒤집어서 양면이 바삭하도록 구워냅니다.

홍피망 볶음

[재료]
홍피망 1/4개, 식용유, 소금 각각 약간씩
[만드는 법]
❶ 홍피망은 길이 4~5cm로, 두껍게 채 썹니다.
❷ 달군 프라이팬에 식용유를 두르고 홍피망을 볶습니다.
❸ 익으면 소금으로 간을 맞춥니다.

토마토와 오이 꼬치

[재료]
방울 토마토 3개, 오이 약간
[만드는 법]
❶ 방울 토마토는 꼭지를 떼서 씻습니다.
❷ 오이는 1cm 두께로 둥글게 썰어 모양틀에 찍어 가볍게 소금을 뿌려 둡니다.
❸ 오이는 키친타올로 물기를 없애고 토마토와 번갈아 꼬치에 꽂습니다.

토마토 햄 컵

[재료]
방울 토마토 3개, 햄 1장
[만드는 법]
❶ 방울 토마토는 꼭지가 깨끗한 것을 골라, 윗 부분을 잘라 뚜껑을 만들고 알맹이를 칼과 스푼으로 도려냅니다.
❷ 햄을 1cm 폭으로 잘라 2장 정도를 돌돌 말아 방울 토마토 안에 채웁니다.

※ 방울 토마토 안의 수분은 깨끗이 없애 둡니다.

타라모 샐러드

[재료]
감자(大) 1개, 명란젓 1/2개, 버터 약간, 마요네즈 1T
[만드는 법]
❶ 명란젓은 껍질을 벗겨 마요네즈로 무쳐서 으깬 상태로 만들어 둡니다.
❷ 감자는 껍질을 벗기고 주사위 정도의 크기로 잘라 삶습니다.
❸ 감자가 익으면 삶은 물은 버리고 다시 중불에 냄비를 흔들면서 주변에 가루가 생기게 합니다.
❹ 볼에 감자를 옮겨 나무 주걱 등으로 으깨 버터를 넣고 섞습니다.
❺ 거기에 명란젓 마요네즈를 넣고 더 섞습니다.

새우 칠리 소스

[재료]
껍질 벗긴 새우 30g, 녹말가루, 청주 각각 약간씩. 양파 1/8개, 식용유 1T, A(토마토 케첩 2T, 물 1T, 녹말가루, 설탕 각각 1t, 중화풍 다시 조미료 1/2t)
※ 취향에 따라 두반장 극소량.
[만드는 법]
❶ 껍질을 벗긴 새우는 씻어서 소량의 청주와 녹말을 뿌려 주물러 둡니다.
❷ 양파는 잘게 썹니다.
❸ 달군 프라이팬 식용유를 두르고 새우를 넣고 볶다가 일단 꺼내 둡니다.
❹ 양파를 볶아 익으면 A와 새우를 넣고 함께 볶습니다.

※ 두반장을 사용할 경우 A에 섞어 둡니다.

토마토 치즈 컵

[재료]
방울 토마토 3개, 크림 치즈, 슬라이스 치즈, 커티지 치즈 각각 약간씩
[만드는 법]
❶ 방울 토마토는 꼭지가 깨끗한 것을 골라 윗 부분을 잘라 뚜껑을 만들고 알맹이를 칼과 스푼으로 도려 냅니다.
❷ 슬라이스 치즈는 1cm 폭으로 잘라 돌돌 말아 방울 토마토 안에 채웁니다.
❸ 크림 치즈와 커티지 치즈는 작은 스푼으로 토마토 안을 꽉 채웁니다.

※ 방울 토마토 안의 수분은 깨끗이 없애 둡니다.

단호박 버터찜

[재료]
단호박 50g, 설탕, 버터 각 1t, 소금 약간

[만드는 법]
❶ 단호박은 얇게 껍질을 벗기고 한 입 크기로 자릅니다.
❷ 냄비에 단호박을 넣고 물을 자작자작 한 정도로 붓고 끓입니다.
❸ 단호박이 70% 정도 익으면 (대나무 꼬치가 다 안 찔러질 정도), 버터를 넣고 중불로 더 삶습니다.
❹ 국물이 줄고 호박이 부드러워지면 불을 끕니다.

으깬 고구마

[재료]
고구마 200g(정량), 건포도 1T, 설탕 30g

[만드는 법]
❶ 고구마는 깨끗이 씻어서 약간 두껍게 껍질을 벗겨 바로 물에 담가 변색하는 것을 막습니다.
❷ 고구마를 두께 1cm 가로 썰기 하여 물에 삶습니다.
❸ 대나무 꼬치가 쑥 들어갈 정도로 부드럽게 익으면 불에서 내려 물을 버리고 주걱으로 으깹니다.
❹ 뜨거울 때 설탕과 건포도를 넣고 함께 섞습니다.

고구마 사과 조림

[재료]
고구마(中) 1/2개, 사과(홍옥) 1/2개, 설탕 2T, 레몬즙 약간, 물 200cc

[만드는 법]
❶ 고구마는 껍질을 벗겨 한입 크기로 잘라 물에 담가 둡니다(껍질채인 경우는 꼼꼼히 씻어 주세요).
❷ 사과는 고구마와 비슷한 크기로 잘라 레몬즙을 뿌려 둡니다.
❸ 고구마, 사과, 건포도를 냄비에 넣고 물과 설탕을 넣어 삶습니다.
❹ 고구마가 익으면 약한 불로 줄이고 국물이 졸여지면 취향에 따라 꿀을 첨가합니다.

고구마 설탕 조림

[재료]
고구마 1개, 치자 열매 1개, 설탕 3T, 소금, 간장 각 1/2t

[만드는 법]
❶ 약간 가는 고구마를 골라, 껍질을 깨끗이 씻어 껍질 채 1cm 정도로 가로 썰기 하여 물에 담가 둡니다. (30분 이상)
❷ 냄비에 고구마와 치자 열매를 넣고 끓입니다.
❸ 펄펄 끓기시작하면 약한 불로 줄이고 설탕, 소금, 간장을 넣고 국물이 없어질 때까지 약한 불로 조립니다.

삶은 메추리알 프라이

[재료]
삶은 메추리알 3개, 녹말가루 약간, 밀가루 1T, 물 2T, 빵가루 약간, 튀김기름 적당량

[만드는 법]
❶ 삶은 메추리알을 카레에 조립니다. (메추리알 카레조림은 71쪽 참조)
❷ 카레에 조린 메추리알은 수분을 없애고 녹말가루를 묻혀 둡니다.
❸ 밀가루와 물은 섞은 튀김옷을 입히고, 빵가루를 묻힙니다.
❹ 튀김기름은 170도로 가열하여 바삭하게 튀깁니다.

컬리플라워 카레

[재료]
컬리플라워 60g, 식초 1t, 카레 가루 1/4t, 소금 약간

[만드는 법]
❶ 식초, 카레가루, 소금을 섞어 둡니다.
❷ 컬리플라워는 한입 크기로 잘라 삶습니다.
❸ 체에 옮겨 뜨거운 물은 버리고 뜨거울 때 ①을 고루 묻힙니다.

단호박 샐러드

[재료]
단호박 30g, 오이 1/4개, 소금 약간, 삶은 계란 1/2개, 마요네즈 1T

[만드는 법]
❶ 단호박은 껍질을 벗기고 한입 크기로 잘라 물에 담가, 랩으로 싸서 전자레인지에 2분 정도 가열합니다(냉동 단호박일 경우에는 가열하고 나서 껍질을 벗겨 자릅니다).
❷ 오이는 얇게 잘라 소금을 넣고 주물러 꽉 짜 둡니다.
❸ 잘게 썬 삶은 계란, 오이, 단호박을 그릇에 넣고 같이 섞어 두었다가 식으면 마요네즈로 버무립니다.

버터 콘 스크램블 에그

[재료]
스위트콘 2T, 계란 1개, 소금, 버터 각각 약간씩

[만드는 법]
❶ 스위트콘은 통조림의 경우 물기를 없애 둡니다. 냉동일 경우 가열용기에 넣고 전자레인지로 해동해 둡니다(30초 정도가 적당).
❷ 프라이팬에 버터와 스위트콘을 넣고 가볍게 볶아 소금으로 간을 합니다.
❸ 거기에 풀어 둔 계란을 붓고 스위트콘을 감싸듯이 긴 젓가락으로 휘저어 섞으면서 볶습니다.

키슈

[재료]
비엔나 소시지 1/2개, 감자튀김(냉동) 2개, 야채 믹스(냉동) 1t, 방울 토마토 1개, 피자용 치즈 1t, 푼 계란 1/2개, 우유 1/2T, 소금, 후추 각각 약간씩

[만드는 법]
❶ 비엔나 소시지와 방울 토마토, 냉동 감자튀김은 잘게 썰고 야채 믹스는 전자레인지에 30초 정도 가열하여 해동시켜 둡니다.
❷ 푼 계란에 우유, 피자용 치즈를 섞어 소금 · 후추로 간을 맞춰 ①에 섞습니다.
❸ 알루미늄 컵안에 ②를 전체에 80% 정도까지 부어 넣습니다.
❹ 알루미늄 호일을 덮어 오븐 토스터로 7~8분 굽습니다.

파인애플 샐러드

[재료]
파인애플(통조림) 1개, 사과 1/4개, 크림치즈 30g, 플레인 요구르트 1T

[만드는 법]
❶ 파인애플은 폭 1cm 정도로 자릅니다.
❷ 사과는 빗 모양으로 잘라 껍질 채로 얇게 썹니다.
❸ 크림치즈에 플레인 요구르트를 함께 섞어 파인애플과 사과를 넣고 버무립니다.

메추리알 카레 조림

[재료]
삶은 메추리알 3개, 고형 수프 다시마 1/2개, 카레 가루 1/2t, 물 1/4컵

[만드는 법]
❶ 내열 용기에 고형 수프 다시마, 카레 가루를 물을 넣고 잘 섞습니다.
❷ 삶은 메추리알에 이쑤시개를 꽂아 ①에 넣고 랩을 덮어 전자레인지에 1분 가열합니다.
❸ 가끔 굴리면서 식힙니다.

노랑 피망 샐러드

[재료]
노랑 피망 1/4개, 프렌치 드레싱 적당량, 벌꿀 약간

[만드는 법]
❶ 노랑 피망은 반으로 잘라, 얇게 썹니다.
❷ 프렌치 드레싱에 벌꿀을 약간 넣고 노랑 피망을 넣습니다.
❸ 잠시 맛이 배도록 놔두고 물기를 없애 도시락통에 넣습니다.

우엉 샐러드

[재료]

우엉 $1/4$개, 당근 $1/6$개, 마요네즈 2T, 간 흰깨 1T, 소금 약간

[만드는 법]

❶ 우엉과 당근은 껍질을 벗기고 길이 5 cm로 잘라, 성냥개비 정도의 굵기로 길이가 고르게 채 썹니다.

❷ 끓는 물에 우엉과 당근을 삶습니다. 다 삶아지면 체에 옮겨 물기를 뺍니다.

❸ 잔열이 식으면 깨와 마요네즈를 버무려 소금으로 간을 맞춥니다.

독일식 감자 볶음

[재료]

감자 (小) 1개, 베이컨 1장, 버터 약간, 소금 약간

[만드는 법]

❶ 감자는 껍질을 벗겨 반달모양으로 잘라 살짝 삶아 둡니다.

❷ 달군 프라이팬에 버터를 녹이고 나서 감자를 넣고 볶다가 1cm 정도의 직사각형으로 썬 베이컨을 넣어서 더 볶습니다.

❸ 소금 약간으로 간을 맞춥니다.

※ 다 볶은 것에 우유 약간을 보태서 촉촉하게 다시 볶아 마무리하는 방법도 있습니다.

찐 감자

[재료]

감자 (小) 1개, 소금, 후추 각 약간씩

[만드는 법]

❶ 감자는 껍질을 벗겨, 한입 크기로 잘라 삶습니다.

❷ 물이 끓으면 중불로 부드러워 질 때까지 삶습니다.

❸ 익으면 삶은 물을 버리고 다시 중불로 냄비를 흔들면서 주위에 가루가 생길 때까지 가열합니다.

❹ 마지막으로 소금, 후추로 간을 맞춥니다.

마카로니 샐러드

[재료]

마카로니 20g, 오이 $1/2$개, 당근 $1/4$개, 햄 2장, 소금 약간, 마요네즈 3T

[만드는 법]

❶ 마카로니는 소금 약간을 넣은 끓는 물에 삶습니다.

❷ 당근은 직사각형으로 잘라 마카로니가 다 익을 때쯤에 냄비에 넣고 같이 삶습니다.

❸ 오이는 얇게 가로 썰기 해서 소금에 버무려 둡니다.

❹ 다 익은 마카로니와 당근을 체에 옮겨 펼쳐서 식힙니다.

❺ 소금에 버무려 둔 오이를 짜서 직사각형으로 썬 햄, 마카로니, 당근과 함께 마요네즈에 버무립니다.

감자 샐러드

[재료]

감자(中) 1개, 야채 믹스(냉동) 2T, 오이 $1/2$개, 소금 약간, 마요네즈 $3\,1/2$T

[만드는 법]

❶ 감자는 껍질을 벗겨 1cm 정도의 주사위 모양으로 잘라 삶습니다.

❷ 야채 믹스는 감자가 다 익을 때쯤에 냄비에 넣어 함께 삶습니다.

❸ 삶은 물을 버리고 다시 불을 꺼서 물기를 없애면서 나무 주걱 등으로 감자를 으깹니다.

❹ 오이를 얇게 가로 썰기 하여 소금으로 버무립니다.

❺ 감자가 식으면 오이와 마요네즈를 넣고 함께 버무립니다.

감자 볶음

[재료]

감자 튀김 30g, 양배추 $1/2$장, 소금, 후추 각각 약간씩

[만드는 법]

❶ 감자 튀김은 냉동된 채로 반으로 자르고 양배추는 썩둑 썰기합니다.

❷ 달군 프라이팬에 감자 튀김을 넣어 볶다가 익으면 양배추를 넣습니다.

❸ 양배추가 숨이 죽으면 소금, 후추로 간을 맞춥니다.

※ 시판되는 냉동 감자튀김에는 기름이 포함되어 있기 때문에 볶을 때에는 기름이 필요 없습니다.

팽이버섯 볶음

[재료]
팽이버섯 $^{1}/_{2}$봉지, 버터, 간장 각각 조금씩

[만드는 법]
❶ 팽이버섯은 밑동을 잘라 반으로 나눕니다.
❷ 버터를 약간 넣고 가열한 프라이팬에 볶고, 마무리로 간장을 조금 떨어 뜨립니다.

어묵 매실 샌드

[재료]
어묵 2조각, 씨를 뺀 매실 장아찌 1T

[만드는 법]
❶ 어묵은 1cm 폭으로 잘라, 중간에 칼집을 넣습니다.
❷ 간을 싱겁게 한 매실 장아찌의 과육을 잘라내 둡니다.
❸ 어묵 중간에 넣은 칼집에 씨를 뺀 매실 장아찌를 끼웁니다.

어묵과 오이

[재료]
구멍 뚫린 어묵 1개, 오이 $^{1}/_{2}$개를 4개로 갈라 놓은 것 1개

[만드는 법]
❶ 4개로 갈라 놓은 오이는 모서리를 잘라 어묵 구멍에 채웁니다.
❷ 먹기 쉬운 크기로 자릅니다.

당면 샐러드

[재료]
당면 10g, 오이 $^{1}/_{2}$개, 당근 $^{1}/_{4}$개, 게맛살 2개, 간장 드레싱 2T

[만드는 법]
❶ 당근은 껍질을 벗겨 채 썹니다.
❷ 끓는 물에 당근을 넣고 삶습니다. 2분이 지나면 당면을 5~6cm로 잘라 함께 삶습니다.
❸ 당면이 부드러워 지면, 체에 옮겨 찬물을 부어 식힙니다.
❹ 오이는 채 썰고, 게맛살은 반으로 잘라 풀어 둡니다.
❺ 전부 합쳐서 간장 드레싱을 뿌립니다.
❻ 잠시 놔 둬서 물기를 뺀 뒤 도시락통에 넣습니다.

감자 버터 샐러드

[재료]
감자(小) 1개, 설탕 2t, 버터 1t, 소금 약간, 건포도, 사과 껍질 적당량

[만드는 법]
❶ 감자는 껍질을 벗겨 한입 크기로 잘라 삶습니다.
❷ 물이 끓으면 중불로 부드러워질 때까지 삶습니다.
❸ 익으면 삶은 물을 버리고 다시 약한 불에서 나무 주걱 등으로 빠르게 으깨어 불을 끕니다.
❹ 곱게 으깨어 설탕, 버터를 넣고 잘 섞어 펼쳐진 랩에 큰 스푼에 수북한 양을 덜어냅니다.
❺ 건포도와 사과 껍질로 얼굴 위치에 놓고 랩으로 쥐어 줍니다.

야채무침

[재료]
배춧잎(大) 1장, 당근 $^{1}/_{4}$개, 줄콩 5~6개, 녹미채 5g, 두부 $^{1}/_{2}$모, 간 흰깨, 설탕 각각 1T, 조미료 2t

[만드는 법]
❶ 썩둑 썰기 한 배추, 채 썬 당근과 5mm 폭으로 썬 줄콩을 끓는 물에 데칩니다.
❷ 색이 선명해지면 체에 옮겨 그대로 식혀 물기를 꼭 짭니다.
❸ 녹미채는 미지근한 물에 불려 물기를 빼 둡니다.
❹ 두부는 키친타올에 감싸 접시에 올려 전자레인지에 1분간 가열합니다.
❺ 그릇에 두부, 흰깨, 설탕, 조미료를 넣고 함께 섞습니다.
❻ ⑤에 야채와 녹미채를 넣고 무칩니다.

녹미채(톳)

[재료]
건조 녹미채 20g, 당근 1/2개, 유부 1/2장, 다시 조미료 1t, 물 2T, 간장, 설탕 각각 1T, 참기름 약간

[만드는 법]
❶ 녹미채는 물에 불려 둡니다.
❷ 유부는 뜨거운 물을 부어 기름을 빼고, 채 썹니다.
❸ 당근도 채 썰기를 합니다.
❹ 프라이팬에 참기름을 두르고 물기를 없앤 당근과 녹미채를 볶습니다.
❺ 유부를 넣고 물과 다시 조미료, 간장, 설탕을 넣고 조립니다.

우엉 고기 볶음

[재료]
우엉 1/2개, 돼지고기 · 쇠고기 섞어 간 고기 50g, 설탕, 간장 각각 1T, 참기름 1t

[만드는 법]
❶ 우엉은 깨끗이 씻어 얇게 깍아 물에 담가 둡니다.
❷ 프라이팬에 간 고기를 넣고 풀면서 볶습니다.
❸ 간 고기가 흩어지면 물기를 뺀 우엉을 넣어 골고루 잘 볶습니다.
❹ 우엉이 투명해지기 시작하면 설탕과 간장을 넣어 간을 맞추고 국물이 적어지면 참기름을 둘러 뿌립니다.

감자 돼지고기 말이

[재료]
감자(小) 1개, 얇게 저민 삼겹살 3장, 소금, 후추 조금씩

[만드는 법]
❶ 감자는 껍질을 벗겨, 약간 두꺼운 정도로 채 썰어 물에 담근 다음 접시에 넣고 랩을 싸서 전자레인지에 1분간 가열합니다.
❷ 얇게 저민 삼겹살을 반으로 잘라 펼쳐 소금 · 후추를 뿌려 감자를 1개씩 맙니다.
❸ 프라이팬을 약한 불에 ②의 다 만 것부터 굽습니다.
❹ 노릇노릇해질 때까지 골고루 바삭하게 구워 냅니다.

연근 볶음

[재료]
연근 200g, 설탕, 간장 각 2T, 참기름, 볶은 깨 조금씩

[만드는 법]
❶ 연근은 껍질을 벗겨 얇게 가로썰기를 하여 물에 담가 둡니다.
❷ 달군 프라이팬에 참기름을 두르고 수분을 없앤 연근을 넣어 볶습니다.
❸ 연근이 투명해지기 시작하면 설탕과 간장을 넣고 고루 묻히듯이 볶습니다.
❹ 마무리로 볶은 깨를 뿌립니다.

※ 연근의 씹는 맛을 내기 위해 익힐 때 뚜껑을 닫지 않습니다.

치즈 어묵 김말이

[재료]
어묵(치즈 들어간 어묵) 1/2장, 슬라이스 치즈 1/3장, 구운 김 1/8장

[만드는 법]
❶ 어묵을 한입 크기로 썰어 슬라이스 치즈를 어묵보다 약간 작은 크기로 자릅니다.
❷ 어묵의 가운데에 칼집을 넣고 슬라이스 치즈를 끼워 넣습니다.
❸ 띠 모양으로 자른 김을 가장자리에 맙니다.
❹ 프라이팬에 올려 노릇노릇하게 잘 구워질 때까지 고르게 굽습니다.

생 표고버섯 마요네즈 구이

[재료]
생 표고버섯 2장, 참치캔 1T, 마요네즈 1T, 케찹, 피자용 치즈 약간씩

[만드는 법]
❶ 생 표고버섯은 밑둥을 잘라 오븐 토스터로 1~2분 정도 굽습니다.
❷ 마요네즈와 참치캔을 함께 섞어 갓 부분에 채우고 그 위에 케첩 약간을 떨어뜨립니다.
❸ 피자용 치즈를 얹고 치즈가 녹을 때까지 3~4분 더 굽습니다.

단호박 검은깨 볼

[재료]
단호박 30g, 깨소금 1/2t

[만드는 법]
❶ 단호박을 한입 크기로 잘라 물에 담갔다가 접시에 놓고 랩을 씌워 전자렌지에 2분간 가열합니다.
❷ 뜨거울 때 껍질을 벗기고 포크 등으로 가볍게 으깹니다.
❸ 랩에 한 숟갈 덜어 둥글게 만들어 깨소금을 뿌립니다.

미역 멸치 볶음

[재료]
건조 미역 10g, 멸치 말린 것 2T, 참기름, 생강즙 약간씩

[만드는 법]
❶ 미역은 물에 불려 둡니다.
❷ 프라이팬에 참기름을 두르고 물기를 짜낸 미역을 멸치 말린 것과 함께 넣고 재빠르게 볶습니다.
❸ 마무리로 생강즙을 뿌려 바로 다른 접시에 덜어 식힙니다.

튀김 두부 데리야키

[재료]
두껍게 썰어 튀긴 두부 1/4모, 간장, 설탕 각각 1t, 식용유 약간

[만드는 법]
❶ 튀긴 두부는 뜨거운 물을 부어 기름기를 제거하고, 한입 크기로 자릅니다.
❷ 식용유를 두른 프라이팬에 구워 간장과 설탕을 넣고 버무려 간을 맞춥니다.

우엉 무침

[재료]
우엉 1/2개, 당근 1/4개, 설탕, 간장 각 1T, 참기름, 볶은 깨 약간씩

[만드는 법]
❶ 우엉은 껍질을 잘 씻어 길이 5cm 정도로 자른 다음 채 썰기 합니다.
❷ 잘라 놓은 우엉은 바로 물에 담급니다.
❸ 당근도 길이를 맞춰서 채썰기 합니다.
❹ 프라이팬에 참기름을 두르고 물기를 뺀 우엉과 당근을 볶습니다.
❺ 우엉이 조금 투명해지기 시작하고 숨이 죽으면 설탕과 간장으로 간을 맞추어 물기가 적어질 때까지 볶습니다.
❻ 마무리로 볶은 깨를 뿌립니다.

치쿠젠니

[재료]
닭고기 다리살 100g, 당근 1개, 연근 100g, 우엉 1/2개, 죽순 100g, 토란 5~6개, 말린 표고버섯 2~3장, 곤약 1/4장, A(설탕, 간장 각 2T, 일본풍 다시 조미료 1t)

[만드는 법]
❶ 토란은 깨끗하게 씻어 껍질을 벗기고 소금을 뿌려 비벼 씻어서 점성을 없애 둡니다.
❷ 표고버섯은 물에 불려 재료는 모두 한 입 크기로 잘라 둡니다.
❸ 표고버섯을 불린 물과 물을 섞어 1컵으로 만들어 냄비에 넣고 토란 이외의 야채를 넣고 삶아 우엉이 익으면 A와 토란을 넣습니다.
❹ 맛이 고루 배어들 때까지 잠시 뭉근하게 조립니다.

나물 무침

[재료]
콩나물 1/2봉지, 당근 1/2개, 시금치 2포기, 삶은 고비 100g, 목이버섯 2~3장, A(소금 1t, 참기름, 볶은 깨 각각 1T, 간장, 다진 마늘 약간)

[만드는 법]
❶ 목이버섯은 미지근한 물에 불려서 길이를 맞춰 채 썰기를 합니다.
❷ 당근은 길이 4~5cm로 잘라 채 썰고 시금치, 고비도 길이를 맞춰 잘라 둡니다.
❸ 냄비에 소금을 약간 넣고 펄펄 끓으면 당근, 콩나물, 목이버섯, 고비, 시금치 순으로 넣고 익으면 불을 끕니다.
❹ 바로 체로 옮겨 펼쳐서 재빨리 식히고 물기를 꽉 짭니다.
❺ 그릇에 A를 넣고 조미료를 만들어 ④를 넣어 함께 섞습니다.

초간단 디저트 레시피

고구마 케익

[재료]

고구마(정량) 300g, 버터, 설탕 50g, 계란 1개, 생크림 50cc

[만드는 법]

❶ 고구마는 약간 두껍게 껍질을 벗겨 2 cm 정도로 잘라 삶습니다.

❷ 익으면 체에 받혀 물기를 빼고 냄비로 다시 옮겨 나무 주걱 등으로 으깹니다.

❸ 뜨거울 때 버터와 설탕을 넣고 잘 섞습니다.

❹ 부드러워지면 계란 1개와 생크림을 넣고 반죽합니다.

❺ 짤 주머니에 넣고 유산지 컵에 짜 냅니다.

❻ 오븐 토스터로 노릇노릇해질 때까지 7~8분간 굽습니다.

※ 한 개씩 랩에 싸서 냉동 보관할 수 있습니다.

치즈 케익

[재료]

크림 치즈 250g, 생크림 100cc, 계란 1개, 설탕 60g, 파인애플 통조림 4조각, 비스켓 약간

[만드는 법]

❶ 크림 치즈는 실온에 30분 이상 두어 부드럽게 해 둡니다.

❷ 크림치즈를 나무 주걱으로 부드럽게 해서 생크림, 계란, 설탕을 넣고 부드러워질 때까지 반죽합니다.

❸ 파인애플을 잘게 썰어 ②에 더합니다.

❹ 유산지 컵 아래에 비스켓을 잘게 부수어 조금씩 깔고 ③을 부어 넣습니다.

❺ 오븐 토스터로 노릇노릇해 질 때까지 7~8분간 굽습니다.

※ 한 개씩 랩에 싸서 냉동 보관할 수 있습니다.

고구마 맛탕

[재료]

고구마 1개, 설탕 2T, 볶은 검은깨 약간, 식용유 1t, 튀김기름 적당량

[만드는 법]

❶ 고구마는 껍질을 벗겨 마구썰기 하여 물에 담급니다.

❷ 고구마를 체에 옮겨 물기를 키친타올 등으로 닦아 냅니다.

❸ 튀김기름을 중불에서 고구마가 떠 오를 때까지 튀깁니다.

❹ 중화냄비에 식용유와 설탕을 넣고 약한불에 설탕이 녹아 보글보글 끓기 시작하면 튀긴 고구마를 한꺼번에 넣고 불을 꺼 남은 열로 고루 묻힙니다.

❺ 마무리로 볶은 검은깨를 뿌립니다.

※ 설탕은 바로 타기 쉽기 때문에 불을 세게 하지 않도록 주의합니다.

깨 경단

[재료]

찹쌀가루 1/2컵, 물 1/2컵, 팥소 50g, 흰깨 2~3T, 튀김기름 적당량

[만드는 법]

❶ 찹쌀가루에 물을 조금씩 더하여 반죽해서 4등분하여 둥글게 만들어 둡니다.

❷ 찹쌀 반죽을 펼쳐 4등분한 팥소를 놓고 감싸 둥글게 만듭니다.

❸ 흰깨를 묻히고 160도 정도의 기름에 4~5분 튀깁니다.

과일 샐러드

[재료]

사과, 키위, 딸기, 오렌지, 바나나 각각 약간씩(통조림 후르츠 칵테일도 좋음), 커티지 치즈 2T, 플레인 요구르트 1T

[만드는 법]

❶ 과일은 전부 가늘게 썹니다.

❷ 커티지 치즈와 플레인 요구르트를 같이 섞어 둡니다.

❸ 과일의 필요없는 수분을 키친타올로 제거하고 ②에 버무립니다.

❹ 밀폐용기에 보관합니다.

우유 우무

[재료]

우유 200cc, 물 100cc, 설탕 3T, 4g

[만드는 법]

❶ 냄비에 물과 우무 가루를 넣고 섞으면서 끓여 녹입니다.

❷ 끓으면 불을 약하게 하고 우유와 설탕을 넣고 2분 정도 더 끓인 다음 불을 끕니다.

❸ 바닥이 평평한 접시(vat)에 부어 식으면 냉장고에서 굳힙니다. 도시락용 미니 컵에 넣어 굳히면 편리합니다.

두부 경단

[재료]

연두부 1/4모, 찹쌀가루 1/2컵 정도, 설탕 1T, 설탕 들어간 콩가루 적당량

[만드는 법]

❶ 그릇에 연두부를 뭉개 넣고 찹쌀가루를 조금씩 넣으면서 섞습니다.

❷ 부드러워지면 설탕을 넣고 더 반죽합니다.

❸ 냄비에 넉넉한 양의 물을 끓여 한 입 크기로 둥글게 하여 중간을 오무려 놓은 ②를 삶습니다.

❹ 떠오르면 찬물에 넣어 식히고 체에 옮겨 물기를 뺍니다.

❺ 콩가루를 묻힙니다. 취향에 따라 검은 조청을 곁들여도 좋습니다.

※ 시간이 지나도 부드러운 경단입니다.

사과 조림

[재료]

사과(홍옥) 1개, 설탕 3T, 레몬즙 1t

[만드는 법]

❶ 사과는 깨끗이 씻고 껍질 채로 8등분으로 잘라 심 부분을 깍아 냅니다.

❷ 사과를 6~7cm 정도의 은행잎 모양으로 잘라 냄비에 넣습니다.

❸ 설탕을 부려 적당히 절입니다.

❹ 약한불에 냄비를 올리고 레몬즙을 넣습니다.

❺ 국물이 바짝 졸아들 때까지 약한 불에 조립니다.

※ 샌드위치나 빵 케익재료로 좋습니다. 같은 방법으로 사과를 8개로 나눈 채로 조려도 맛있는 디저트가 됩니다. 취향에 따라 계피를 사용해도 좋습니다.

커스터드 크림

[재료]

밀가루 10g, 우유 50cc, 생크림 50cc, 설탕 30g, 계란 노른자 1개

[만드는 법]

❶ 밀가루를 접시에 올려 전자렌지로 1분간 가열하여 가루냄새를 날립니다.

❷ 냄비에 계란 노른자와 설탕을 넣고 잘 섞습니다.

❸ 다음에는 ②에 밀가루를 더해 걸쭉해 질 때까지 섞습니다.

❹ 우유를 조금씩 섞고 불을 켭니다.

❺ 약한 불을 켜고 부글부글 끓으면 불을 끄고 생크림을 조금씩 더해서 섞습니다.

❻ 표면이 마르지 않도록 랩을 씌워 냄비채로 식힙니다.

망고 우무

[재료]

펠리칸 망고(완숙) 1개, 레몬즙 1T, 설탕 60g, 물 200cc, 우무가루 4g

[만드는 법]

❶ 망고는 껍질을 벗겨 주사위만한 크기로 잘라 레몬즙을 반 정도 뿌려 둡니다.

❷ 냄비에 물과 우무가루를 넣고 불을 켜서 끓으면 불을 약하게 하고 설탕을 넣고 끓여 녹입니다.

❸ 수 분 정도 끓여 불을 끄고, 남은 레몬즙을 넣습니다.

❹ 잘게 썬 망고를 넣고 한 번 섞어 바닥이 평평한 그릇에 부어 넣습니다. 도시락용 미니 컵에 넣어 굳혀도 편리합니다.

❺ 잔열이 식으면 냉장고에서 굳힙니다.

안닌 두부

[재료]

우유 200cc, 무가당연유 100cc, 설탕 40g, 우무가루 4g, 아몬드 에센스 약간, 시럽 A(그래뉴 당 100g, 물 1/2컵) 좋아하는 과일 적당량

[만드는 법]

❶ 우유와 무가당연유, 그래뉴당, 우무를 넣고 끓여 녹입니다.

❷ 끓으면 불을 약하게 하고 2분 정도 더 끓인 뒤 불을 끄고 아몬드 에센스를 넣습니다.

❸ 밑바닥이 평평한 그릇 등에 부어 넣고 잔열이 식으면 냉장에서 굳힙니다.

❹ 시럽 A를 냄비에 넣어 불을 켜고 그래뉴당이 녹으면 식혀서 시럽을 만듭니다.

❺ 잘게 썬은 과일과 안닌 두부를 밀폐용기에 담고 시럽을 조금 넣습니다.

귤 우무

[재료]

우무 1개(4g 정도), 귤 통조림 1캔, 물 300cc(통조림 시럽을 포함), 설탕 60g

[만드는 법]

❶ 우무는 넉넉한 양의 물에 30분 정도 담가 불리고 3, 4개로 잘라서 물기를 짭니다.

❷ 통조림 시럽과 물을 섞어 300cc로 맞춰 냄비에 넣고 짠 우무를 넣은 다음 가열하여 충분하게 끓여 녹입니다.

❸ 끓으면 불을 약하게 하고 설탕을 넣습니다.

❹ 불에서 내려 귤을 넣고 밑바닥이 평평한 그릇에 부어 식힙니다. 도시락용 미니컵에 넣어서 굳혀도 편리합니다.

※ 도시락에는 우무가 아닌 젤라틴을 사용한 디저트는 실온에서 녹아 버립니다.

모두 함께 둘러 앉자! 이벤트 도시락

운동회나 문화제는 가족 모두가 함께 둘러 앉아 도시락을 먹는 즐거운 이벤트입니다. 색다른 도시락으로 가족 모두와 즐거운 시간을 보낼 수 있어요.

일 본 식

식 단

팥찰밥 주먹밥 (만드는 법 49 쪽)
새우 튀김 (만드는 법 57 쪽)
계란말이 (만드는 법 61 쪽)
야채무침 (만드는법 73 쪽)
치쿠젠니 (만드는 법 75 쪽)
말고삐 모양 어묵 (만드는 법 63 쪽)
어묵 매실 샌드 (만드는 법 73 쪽)
고구마 설탕 조림 (만드는 법 70 쪽)

원 포인트

운동회나 야유회는 가족이 모두 모일 수 있는 자리이므로 푸짐하게 준비해서 다같이 맛있게 먹을 수 있도록 준비하세요.

● **팥찰밥 주먹밥**
약간 작은 모양틀에 찍어 만든 팥찰밥과 소금 주먹밥입니다.

● **어묵 매실 샌드**
1cm 정도 두께로 자른 어묵 중앙에 칼집을 넣고 씨를 뺀 매실 장아찌를 끼웁니다. 매실은 살균효과가 있기 때문에 매실을 이용한 메뉴를 한 가지 정도 넣어주세요.

서양식

식단

바이킹 샌드위치, 양상추, 오이, 토마토, 햄, 계란 샐러드, 자몽, 커티지 치즈 버무림, 커스터드 크림(만드는 법 77쪽), 미니 롤빵, 식빵, 닭날개 튀김, 호빵맨 포테이토, 곤약 젤리, 딸기, 파인애플, 바나나

원 포인트

닭날개에 이쑤시개나 포크로 구멍을 뚫고 양념장에 담가두면 간이 잘 뱁니다. 밀가루를 묻히고 큰 접시에 죽 늘어놓아 랩 없이 2분간 전자레인지로 가열하고 나서 튀기면 시간이 단축됩니다(고기의 양이나 전자레인지의 열에 따라 시간 차이가 있습니다).

●닭날개 튀김

[재료]

닭날개 10개, 밀가루, 양념장(간장 3T, 주스 100cc, 마늘 약간), 튀김기름 적당량

[만드는 법]

❶ 닭날개는 밀폐용기에 양념장과 함께 전날 밤부터 담가둡니다.

❷ 주스는 100% 사과, 오렌지 등이 좋습니다. 양념장의 물기를 키친타올 등으로 제거하고 나서 밀가루를 묻혀 170도의 기름에 안까지 다 익도록 충분히 튀깁니다.

중국식

식단

중국식 찹쌀떡(시판되는 것을 데웁니다.)
춘권
게 야채 계란부침(만드는 법 23쪽)
쇠고기 양채 볶음(만드는 법 67쪽)
칠리 새우(만드는법 69쪽)
해파리 오이 무침
방울 토마토
안닌 두부(만드는 법 77쪽)

원 포인트

중국식으로 멋을 낸 화려한 도시락입니다. 춘권이나 찹쌀떡은 모자르지 않게 준비합니다.

●춘권

[재료]

돼지 고기 200g, 부추 1단, 삶은 죽순 1개, 춘권피 8장, 굴소스 2T, 녹말가루 2T, 물 1T, 튀김기름

[만드는 법]

❶ 돼지고기는 가늘게 썰고 부추는 3cm 정도로 자릅니다. 죽순은 채 썰어서 삶습니다.
❷ 달군 프라이팬에 기름을 두르고 돼지고기를 강한 불에 볶습니다.
❸ 죽순, 부추를 넣고 굴소스로 간을 하고 물에 푼 녹말가루로 걸쭉하게 만듭니다.
❹ 춘권피로 감싸 180도 정도의 기름으로 바삭하게 튀깁니다.

●해파리 오이 무침

시판되는 중식 해파리와 소금으로 비벼 수분을 짜낸 오이를 버무립니다.